Técnicas
de vendas

Central de Qualidade — FGV Management
ouvidoria@fgv.br

SÉRIE CADEMP

Técnicas
de vendas

Carlos Alberto Martins
Arnaldo Schvartzer
Pedro Henrique Alves do Couto Ribeiro

ISBN — 978-85-225-0711-5

Copyright © 2009 Carlos Alberto Martins, Arnaldo Schvartzer, Pedro Henrique Alves do Couto Ribeiro

Direitos desta edição reservados à
EDITORA FGV
Rua Jornalista Orlando Dantas, 37
22231-010 — Rio de Janeiro, RJ — Brasil
Tels.: 0800-021-7777 — 21-3799-4427
Fax: 21-3799-4430
e-mail: editora@fgv.br — pedidoseditora@fgv.br
web site: www.fgv.br/editora

Impresso no Brasil / *Printed in Brazil*

Todos os direitos reservados. A reprodução não autorizada desta publicação, no todo ou em parte, constitui violação do copyright (Lei nº 9.610/98).

Os conceitos emitidos neste livro são de inteira responsabilidade dos autores.

1ª edição — 2009; 1ª reimpressão — 2010; 2ª reimpressão — 2011; 3ª reimpressão — 2011; 4ª reimpressão — 2012; 5ª reimpressão — 2013; 6ª reimpressão — 2017; 7ª reimpressão — 2022.

Preparação de originais: Claudia Gama

Editoração eletrônica: FA Editoração Eletrônica

Revisão: Aleidis de Beltran, Marco Antonio Corrêa e Mauro Pinto de Faria

Capa: aspecto:design

Fotografias: Marje (casas) e inakiantoana (mãos) — iStockphoto

---

Martins, Carlos Alberto
    Técnicas de vendas / Carlos Alberto Martins, Arnaldo Schvartzer, Pedro Henrique Alves do Couto Ribeiro. — Rio de Janeiro : Editora FGV, 2009.
    144 p. — (Cademp)

    Acima do título: Publicações FGV Management.
    Inclui bibliografia.

    1. Venda. 2. Vendedores. I. Schvartzer, Arnaldo. II. Ribeiro, Pedro Henrique Alves do Couto. III. Fundação Getulio Vargas. IV. FGV Management. V. Título. VI. Série.

CDD — 658.85

Aos nossos alunos e aos nossos colegas docentes,
que nos levam a pensar e a repensar as nossas práticas.

Sumário

Apresentação 11

Introdução 15

1 | O conceito de marketing e vendas 19

Relação de marketing e vendas 19

Conceitos de necessidades, desejos e demandas 24

Um mundo de mudanças 26

O cliente 27

Marketing mix 28

2 | O cliente 33

A importância do cliente 33

A mudança para o marketing de relacionamento 37

A reclamação do cliente 39

3 | O vendedor profissional e suas principais características 45

Desenvolvimento das potencialidades 45

Principais características de um profissional de vendas 47

4 | A primeira fase da venda: pré-abordagem 55

As fases da venda 56

Administração do tempo 57

Apresentação pessoal 58

Organização do material 59

O que é importante saber sobre o cliente? 60

5 | A segunda fase da venda: abordagem 71

Como abordar o cliente 71

Tipos de abordagens técnicas 73

Tipos de abordagens comportamentais 77

6 | A terceira fase da venda: levantamento das necessidades 81

O correto levantamento da necessidade do cliente 81

Empatia 88

Como desenvolver sua capacidade de ouvir 89

A arte de perguntar 91

7 | A quarta fase da venda: apresentação do produto ou serviço 97

Produto 97

Níveis de produtos 98

Ciclo de vida do produto 100

Moda e estilo 105
Produto, uma apresentação em vendas 105

8 | A quinta fase da venda: fechamento 109

Para melhorar o índice de fechamento 110

Fechamento propriamente dito 112

O vendedor como decodificador de sinais 115

As objeções 116

Ciclo de vida do recurso do cliente 121

9 | A sexta fase da venda: pós-venda 125

Métodos e técnicas usuais de pós-venda 125

Dicas práticas para criar um bom relacionamento
com o cliente, na busca da sua fidelização 127

Conclusão 129

Referências bibliográficas 131

Anexo — Exercício de auto-avaliação: você é um bom vendedor? 133

Os autores 141

Apresentação

Este livro compõe as Publicações FGV Management, programa de educação continuada da Fundação Getulio Vargas (FGV).

Instituição de direito privado com mais de meio século de existência, a FGV vem gerando conhecimento por meio da pesquisa, transmitindo informações e formando habilidades por meio da educação, prestando assistência técnica às organizações e contribuindo para um Brasil sustentável e competitivo no cenário internacional.

A estrutura acadêmica da FGV é composta por oito escolas e institutos: a Escola Brasileira de Administração Pública e de Empresas (Ebape), dirigida pelo professor Bianor Scelza Cavalcanti; a Escola de Administração de Empresas de São Paulo (Eaesp), dirigida pela professora Maria Tereza Leme Fleury; a Escola de Pós-Graduação em Economia (EPGE), dirigida pelo professor Renato Fragelli Cardoso; o Centro de Pesquisa e Documentação de História Contemporânea do Brasil (Cpdoc), dirigido pelo professor Celso Castro; a Escola de Direito de São Paulo (Direito GV), dirigida pelo professor Ary Oswaldo

Mattos Filho; a Escola de Direito do Rio de Janeiro (Direito Rio), dirigida pelo professor Joaquim Falcão; a Escola de Economia de São Paulo (Eesp), dirigida pelo professor Yoshiaki Nakano; o Instituto Brasileiro de Economia (Ibre), dirigido pelo professor Luiz Guilherme Schymura de Oliveira. São diversas unidades com a marca FGV, trabalhando com a mesma filosofia: gerar e disseminar o conhecimento pelo país.

Dentro de suas áreas específicas de conhecimento, cada escola é responsável pela criação e elaboração dos cursos oferecidos pelo Instituto de Desenvolvimento Educacional (IDE), criado em 2003 com o objetivo de coordenar e gerenciar uma rede de distribuição única para os produtos e serviços educacionais da FGV, por meio de suas escolas. Dirigido pelo professor Clovis de Faro e contando com a direção acadêmica do professor Carlos Osmar Bettero, o IDE engloba o programa FGV Management e sua rede conveniada, distribuída em todo o país (ver www.fgv.br/fgvmanagement), o programa de ensino a distância FGV Online (ver www.fgv.br/fgvonline), a Central de Qualidade e Inteligência de Negócios e o Programa de Cursos In Company. Por meio de seus programas, o IDE desenvolve soluções em educação presencial e a distância e em treinamento corporativo customizado, prestando apoio efetivo à rede FGV, de acordo com os padrões de excelência da instituição.

Este livro representa mais um esforço da FGV em socializar seu aprendizado e suas conquistas. Ele é escrito por professores do FGV Management, profissionais de reconhecida competência acadêmica e prática, o que torna possível atender às demandas do mercado, tendo como suporte sólida fundamentação teórica.

A FGV espera, com mais essa iniciativa, oferecer a estudantes, gestores, técnicos — a todos, enfim, que têm internalizado o conceito de educação continuada, tão relevante nesta era do conhecimento — insumos que, agregados às suas práticas, possam contribuir para sua especialização, atualização e aperfeiçoamento.

Clovis de Faro
Diretor do Instituto de Desenvolvimento Educacional

Ricardo Spinelli de Carvalho
Diretor Executivo do FGV Management

Sylvia Constant Vergara
Coordenadora das Publicações FGV Management

Introdução

Tem sido objeto de comentário, em várias áreas de conhecimento, por diversos autores, o impacto que as transformações extremamente rápidas, geradas pelo desenvolvimento científico e tecnológico, têm provocado nas organizações em geral e nas empresas em particular. Como conseqüência da velocidade da mudança, o ambiente organizacional brasileiro enfrenta um cenário cada vez mais desafiante, pelo aumento do número de concorrentes, principalmente os transnacionais, pelo aumento do poder de negociação de fornecedores e clientes, pelo aumento da complexidade trazida pela tecnologia, tanto de informação quanto de comunicação, e também pelo aumento do nível de exigência do consumidor.

Neste contexto, os órgãos reguladores interferem diretamente na vida das empresas, obrigando-as a rever, de forma constante, suas ações, políticas, normas e procedimentos. Surgem demandas adicionais, como a governança corporativa, a sustentabilidade ambiental e os direitos do consumidor.

Embora reconhecendo que as empresas brasileiras deram passos gigantescos, na última década do século XX, em direção a uma operação cada vez mais eficiente, pela implementação de sistemas de qualidade, uso exaustivo da tecnologia da informação e modelos de racionalização de custos, não se pode deixar de atestar que ainda há um perigoso hiato entre as intenções da empresa e a sua cotidiana realidade operacional. Qualquer análise desse distanciamento leva à constatação de que ele tem origem nas pessoas que, neste início de século, precisam ser gerenciadas de forma tal que alcancem um nível de qualificação significativamente mais alto.

Afinal, em última instância, uma empresa é um grupo de pessoas. São elas que fazem acontecer. Políticas, processos e serviços não existem, se não houver alguém que os coloque em curso. Este livro é dedicado a uma dessas pessoas, uma das mais importantes: o vendedor. Se, como diz Theodore Levitt (1985), o objetivo de uma empresa é criar e manter um cliente, quem realiza este objetivo é o vendedor. Para esta entidade importantíssima que é o cliente, ele é a empresa, ele é o ponto convergente de toda a atividade da empresa. Tudo que foi planejado, preparado, articulado, coordenado, sonhado encontra nele sua realização.

No entanto, ainda há quem pense que vender é uma atividade simples, baseada apenas em algumas características de personalidade mescladas com um bom poder de comunicação. Este equívoco pode trazer conseqüências bem negativas para a empresa. Vender é uma competência que pode e deve ser permanentemente desenvolvida. É um conjunto de técnicas que precisam ser aprendidas. E este é o objetivo deste livro: apresentar, de forma prática, as técnicas de venda.

Para tanto, ele foi estruturado da forma a seguir descrita.

O capítulo 1, "O conceito de marketing e vendas", tem como objetivo contextualizar vendas dentro do sistema de marketing. É mostrar vendas como um subsistema de marketing, esclarecendo as ligações que todos os subsistemas de marketing guardam entre si.

O capítulo 2, "O cliente", tem como objetivo discutir a evolução ocorrida no perfil do cliente e a importância por ele assumida no moderno mundo de negócios. Desde o final do século XX, quando a era industrial deu lugar à era da informação, o foco dos negócios saiu da fábrica para o mercado. Com essa mudança, o cliente passou a ter um papel mais determinante e ativo no relacionamento com as empresas, por força de um leque de opções muito maior.

O capítulo 3, "O vendedor profissional e suas principais características", tem como objetivo apresentar os princípios básicos identificados nos vendedores de sucesso. A partir da análise de técnicas oriundas do campo científico, principalmente da psicologia, é possível antecipar a eficácia ou não de determinados tipos de comportamento.

O capítulo 4, "A primeira fase da venda: pré-abordagem", tem como objetivo enfatizar a importância do planejamento no trabalho de vendas, que vai desde a administração do tempo até a preparação da entrevista. Como profissional, o vendedor não pode abrir espaço para a improvisação, sob pena de não ser visto pelo cliente como um consultor que pode efetivamente ajudá-lo.

O capítulo 5, "A segunda fase da venda: abordagem", tem como objetivo expor as técnicas que dão eficácia à abordagem, ou seja, à aproximação do cliente. Como existe, neste ponto, uma questão de relacionamento humano, com toda a sua complexidade, é fundamental que o vendedor, além de ter a *expertise* sobre seus produtos/serviços, saiba também lidar com pessoas.

O capítulo 6, "A terceira fase da venda: levantamento das necessidades", tem como objetivo mostrar que o vendedor não tem como falar dos benefícios de seu produto/serviço se não tiver pleno conhecimento das necessidades e desejos do cliente. Se, por um lado, o vendedor quer vender, é preciso que ele tenha clara a noção de que o cliente não quer apenas comprar, mas sim satisfazer uma necessidade, atingir um objetivo etc.

O capítulo 7, "A quarta fase da venda: apresentação do produto ou serviço", tem como objetivo conscientizar o vendedor de que as suas chances de sucesso são muito limitadas se ele se restringir a apresentar apenas as características de seu produto/serviço. Pelo contrário, ele deve estar preparado para demonstrar ao cliente que o produto é capaz de satisfazer suas necessidades, agregando valor, resolvendo problemas, trazendo benefícios etc.

O capítulo 8, "A quinta fase da venda: fechamento", tem como objetivo convencer o vendedor de que o fechamento é uma conseqüência natural de um atendimento bem-feito. É o resultado lógico de um processo que se inicia na pré-abordagem. Sente-se que, apesar de ter realizado todo o seu trabalho com bastante diligência, o vendedor tem sempre alguma insegurança a respeito do fechamento.

O capítulo 9,"A sexta fase da venda: pós-venda", tem como objetivo mostrar ao vendedor que a venda não se limita a um eventual encontro, mas, pelo contrário, deve transformar-se num relacionamento longo e duradouro, em benefício de ambas as partes. Para tanto, o vendedor deve acompanhar o cliente em todo o ciclo de vida de seu produto/serviço. A pós-venda tem o poder de transformar um eventual freguês em um fiel cliente.

1

O conceito de marketing e vendas

Neste capítulo, abordaremos a relação de estreita interdependência entre as funções de vendas e marketing e os principais conceitos que diferenciam estas duas atividades mercadológicas. Sabemos que, na prática, os termos vendas e marketing se confundem. Mas iremos elucidar as especificidades de cada um.

Relação de marketing e vendas

Até bem pouco tempo atrás, a função do homem de marketing era conhecida apenas como a de fazer propaganda, festa, enfim, ações de comunicação. Sabemos hoje que esta é apenas uma de suas muitas atribuições. Segundo Kotler (1999:65), "muita gente pensa em marketing apenas como vendas e propaganda. Não é de se admirar, pois todos os dias somos bombardeados por comerciais de televisão, anúncios em jornais, malas diretas e telemarketing ativo. Alguém está sempre tentando nos vender alguma coisa".

Para entendermos, faz-se necessário conhecer como surgiu o estudo do marketing.

No início do século passado, em pleno desenvolvimento industrial, o mundo teve seu crescimento interrompido pela I Guerra Mundial (1914-18). Devido aos esforços de guerra, ocorreu considerável retração na produção de bens de consumo. Em conseqüência, quando terminou a guerra e as indústrias voltaram a produzir normalmente, não havia dificuldade alguma em colocar a produção, pois a demanda excedia a oferta.

Essa situação levou a um grande desenvolvimento industrial. Todos queriam produzir para esse ávido mercado. A excessiva produção acabou levando os Estados Unidos à depressão econômica em 1929, quando a produção começou a exceder o consumo. Verificou-se, então, a necessidade de entender o consumidor, suas necessidades e seus desejos. Começou, assim, a busca pelo consumidor.

Podemos, portanto, dividir a história do ensino de marketing em fases, utilizando o trabalho de Wilkie e Moore (2003), que sugerem quatro "eras", precedidas por uma fase de pré-marketing.

- ❏ Pré-marketing (até 1900): não havia uma área específica de estudo.
- ❏ Era 1 — início da área (1900 a 1920): aparecem os primeiros estudos com o nome marketing, enfatizando a distribuição.
- ❏ Era 2 — a área de marketing é formalizada (1920 a 1950): elaboram-se os princípios de marketing, estabelece-se a infra-estrutura do desenvolvimento deste conhecimento e cria-se a associação profissional (American Marketing Association).
- ❏ Era 3 — revisão dos conceitos (1950 a 1980): crescimento rápido no mercado de consumo norte-americano e também nos conceitos de marketing. Passam a dominar duas tendências: a primeira é o ponto de vista gerencial e a segunda

é o embasamento comportamental como peça fundamental para o desenvolvimento desse conhecimento, que passa por grande evolução.

- Era 4 — a mudança se torna mais intensa e há uma fragmentação de tendências (1980 até hoje): os desafios no mundo dos negócios se tornam gigantescos. Várias tecnologias administrativas surgem, da reengenharia ao controle de qualidade. Os estudos de marketing seguem essa tendência e se diversificam em áreas de interesse especializado.

É importante ressaltar que essas datas se apresentam como linhas divisórias imaginárias. Justificam a segmentação em eras, mas não têm precisão histórica.

Algumas definições de marketing

São numerosas as definições de marketing existentes, nenhuma totalmente consagrada. A título de exemplo, listamos algumas dessas definições.

- "Marketing é uma função organizacional e uma série de processos para a criação, comunicação e entrega de valor para clientes, e para a gerência de relacionamentos com eles, de forma que beneficie a organização e seus *stakeholders*" (American Marketing Association; Peppers e Rogers, 2004).
- "O processo através do qual a economia é integrada à sociedade para servir necessidades humanas" (Peter Drucker, citado por Rocha e Christensen, 1992:21).
- "O processo de atrair e manter o cliente" (Theodore Levitt, citado por Rocha e Christensen, 1992:21).
- "(...) uma orientação da administração que visa proporcionar a satisfação do cliente e o bem-estar do consumidor a longo prazo, como forma de satisfazer aos objetivos e às responsabilidades da organização" (Philip Kotler, 1993:21).

❑ "Marketing é a área do conhecimento que engloba todas as atividades concernentes às relações de troca, orientadas para a satisfação das necessidades dos consumidores, visando alcançar os objetivos da empresa e considerando sempre o meio ambiente de atuação e o impacto que essas relações causam no bem-estar da sociedade" (Alexandre las Casas, 2001:29).

❑ "Pode-se presumir que sempre haverá alguma necessidade de vender. Mas a meta do marketing é tornar a venda supérflua, é conhecer e entender tão bem o consumidor que o produto ou serviço se adapte a ele e se venda sozinho. Idealmente, marketing deve resultar em um consumidor que esteja disposto a comprar. Depois será necessário apenas tornar o produto ou serviço disponível" (Drucker, 1994:64).

Esta definição poderia levar-nos a questionar a função do vendedor, mas não é este o propósito. Na realidade, Drucker quis dizer que é tão importante entendermos a necessidade e o desejo dos clientes que, ao lançarmos e disponibilizarmos em condições de compra (preço, distribuição) produtos que eles necessitem ou desejem, a venda será apenas uma conseqüência natural. Resumindo, lançando produtos que o consumidor necessita e deseja, a venda desses produtos se torna bem mais provável.

Existe um exemplo clássico que explica muito bem a diferença entre marketing e vendas.

O presidente de uma famosa marca de pasta de dentes resolveu aumentar a venda de seu produto em 20%. Contratou especialistas em marketing e vendas para criar estratégias a fim de atingir esse objetivo. Após um *brainstorm*, em que algumas idéias foram descartadas, chegou-se à conclusão de que a melhor opção seria alargar o orifício de saída de pasta do tubo em 20%, fazendo com que o usuário utilizasse mais 20% em relação ao que ocorria anteriormente. Assim, o usuário passa a consumir 20% a mais e terá de comprar 20% a mais, portanto venderemos 20% a mais.

A partir desse exemplo, podemos dizer que uma das atribuições da área de marketing é trabalhar o consumo. Na realidade, marketing objetiva criar condições para que esse consumo seja plenamente satisfeito pela empresa, de forma a torná-la a opção preferencial do cliente. Neste caso, vendas seria uma conseqüência natural de um bom trabalho de marketing. Quanto maior a estimulação ao consumo, maior a necessidade de compra e, conseqüentemente, maior será a venda — obviamente, sempre considerando a ética e a responsabilidade social.

Outras idéias foram utilizadas para aumentar ainda mais o consumo de pastas de dente. A Crest, além de ter aumentado a saída da pasta de dente, ofereceu gratuitamente, na compra de suas pastas, uma escova dental com a área de escovação maior que a normal, na expectativa de que os seus clientes, ao preencherem da primeira à última cerda, consumissem mais seus produtos.

Outras idéias foram amplamente divulgadas no mercado, como o caso da rede McDonald's em que, ao indagar do cliente o que iria beber, os atendentes perguntavam: "Coca-Cola média ou grande?" — omitindo o tamanho pequeno. O resultado foi um grande aumento nas vendas e no conseqüente consumo de Coca-Cola. Essa técnica é usada até hoje nas lojas McDonald's do mundo todo.

Nos Estados Unidos, num determinado período, houve uma excessiva produção de ovos e, em vez de abaixar o preço ou eliminar parte da produção, a Associação Americana de Produtores de Ovos fez um trabalho nas lanchonetes, orientando os garçons a perguntarem aos clientes: "Vai querer dois ou três ovos?" E o resultado das vendas foi excelente, evitando que outras medidas fossem adotadas.

Conceitos de necessidades, desejos e demandas

É muito importante as empresas conhecerem e entenderem as necessidades, os desejos e a possibilidade de demanda de seus clientes ou *prospects*. O entendimento desses fatores é o que irá subsidiar o planejamento das estratégias de marketing.

Nas grandes empresas, como o Wal-Mart, uma das técnicas utilizadas é a alta gestão se misturar aos clientes para conhecer as suas necessidades e desejos. O presidente do Wal-Mart introduziu em sua empresa a técnica MBWA (*managing by walking around*), ou seja, gerenciar colocando-se junto do cliente, entendendo suas necessidades e desejos.

Outra técnica — segundo a Harvard Business School, considerada uma das mais importantes para se obter sucesso e sobreviver num ambiente mercadológico cada vez mais competitivo — é saber ouvir os clientes. Existe uma grande diferença entre ouvir e escutar. Escutar é físico e ouvir é entender e processar o que se escuta.

Dizemos que a importância está em ouvir o que o cliente não diz, é entender tão bem o cliente que compreendemos aquilo que, muitas vezes, ele não sabe externar. Entendemos suas necessidades e desejos explícitos e implícitos.

Necessidades

Segundo Abraham Maslow (1954), o ser humano tem necessidades das mais diversas formas, desde as básicas, que são as necessidades fisiológicas, até as necessidades de auto-realização, conforme será detalhado no capítulo sobre levantamento de necessidades. Apesar de ser considerada uma afirmação polêmica, dizemos que as necessidades não podem ser criadas; são latentes nos seres humanos. Dizemos que necessidade é aquilo de que precisamos.

Desejos

São as necessidades humanas moldadas pela cultura e pelas características individuais. Nós estimulamos os desejos. Eles são ilimitados. Podemos exemplificar com o caso do telefone celular. Após a contínua redução de seu tamanho, o produto começou a agregar novos componentes, como máquina fotográfica, internet, e-mails e outros, gerando contínuo desejo nos clientes de possuir novos produtos com cada vez mais benefícios.

O marketing utiliza o instrumento moda, como uma forma de estímulo aos desejos. Podemos entender que a necessidade de se vestir é uma necessidade de proteção, enquanto se vestir de acordo com a moda é um desejo. Resumindo, desejo é atender uma necessidade com algo almejado; é o que queremos.

Demanda

Apesar de os desejos serem ilimitados, os recursos são limitados. A necessidade do ser humano é a locomoção, mas consideramos desejo, por exemplo, possuir uma Ferrari nova (necessidade de *status*, reconhecimento) que, devido ao seu alto preço, é acessível a poucos. Podemos dizer que a demanda ocorre quando o consumidor, além do desejo de possuir, tem condição financeira para adquirir o bem ou serviço.

As empresas devem mensurar não apenas quantas pessoas desejam seu produto, como também o mais importante: quantas estão realmente dispostas a comprar e têm condições de comprar. Ao abrirmos uma concessionária de carros da Ferrari, entendemos que muitos indivíduos teriam o desejo de possuir um carro desta marca, mas quantos efetivamente teriam condições financeiras para adquiri-lo?

Com o entendimento desses conceitos, podemos afirmar que os críticos do marketing estão enganados quando afirmam que o marketing cria necessidades ou que induz as pessoas a comprar coisas que não desejam. As necessidades não são criadas; elas já existem, apenas despertamos as pessoas para necessidades que muitas desconhecem. É o caso da telefonia celular. Muitas vezes estamos em situações em que há necessidade de nos comunicarmos. Até poucos anos atrás, a única maneira de se comunicar em locais públicos era por meio da aquisição de uma ficha de "orelhão" (telefone público) e assim realizar um telefonema. Logo que foi lançado o telefone celular, sua aceitação foi muito grande, porém sua demanda limitada, devido ao preço do aparelho e das ligações. Em poucos anos, o preço de aquisição de aparelhos celulares e da utilização dos serviços teve seus valores reduzidos, levando, assim, ao seu uso ampliado.

Podemos dizer que a necessidade, neste exemplo, é a comunicação. Ela já existia, só não havia o meio para atender a esta necessidade. O lançamento com grande divulgação e a adoção de preços razoáveis levaram o telefone celular a se tornar um bem acessível à grande massa, suprindo assim a sua necessidade de comunicação.

Um mundo de mudanças

Estamos em mudanças constantes e o que mais nos chama a atenção é a velocidade com que as mudanças vêm ocorrendo.

Alguns anos atrás, a Kodak, maior fabricante mundial de filmes para máquinas fotográficas, tinha sua estabilidade "garantida" pela força e reconhecimento da sua marca, qualidade de seus produtos e equipes experientes. Sua sólida posição no mercado parecia inabalável: possuía 85% de participação no mercado de filmes.

Há poucos anos, surgiram no mercado as máquinas fotográficas digitais. Elas não necessitam de filme e tinham sua demanda ainda restrita devido a seu preço. Poucos anos depois, com o preço já alterado, o produto se tornou acessível à grande massa, levando a produção de filmes a patamares muito baixos e à conseqüente redução da empresa (*downsizing*).

Até mesmo produtos como filme para raios X vêm sendo substituídos por exames com imagem digital que garantem um resultado melhor por um custo menor. Segundo Levitt (1985), a empresa em questão passou por "miopia em marketing", ou seja, a Kodak não entendeu a real necessidade e o desejo de seus clientes, que era a obtenção da melhor imagem, da melhor forma e pelo menor preço.

Se formos pensar, até o arquivamento dos exames de raios X era um problema para o cliente. Hoje basta arquivá-los em um computador.

Afirmamos que as mudanças continuarão a ocorrer. Os profissionais que atuam nas áreas de vendas e marketing e as empresas vivem um processo ininterrupto de aprendizagem pelo qual adquirem conhecimentos, por meio da interação com clientes e o mercado, de modo a adaptarem-se e poderem reagir de maneira competitiva.

O cliente

O foco de qualquer organização é o cliente. Podemos dizer que não existem empresas sem clientes. Apesar de termos de oferecer-lhes um excelente atendimento, existem atendimentos diferenciados por tipos de clientes.

Classificamos os diferentes níveis de atendimento a clientes como:

❑ *CMVs* — clientes mais valiosos. Representam a essência dos negócios. O objetivo é retê-los. É necessário entender esses clientes em todas as suas necessidades, buscando garantir a sua satisfação. Excelentes atendimentos passados não garantem fidelidade se o presente atendimento não estiver satisfazendo ou superando as expectativas atuais dos clientes. A falha no atendimento de seu cliente é sempre uma grande oportunidade para o concorrente.

❑ *MPs* — clientes de maior potencial. São os clientes do segundo nível, aqueles com maior potencial não realizado. Esses clientes poderiam ser mais lucrativos. O objetivo é desenvolver o relacionamento para a obtenção de resultados melhores e duradouros. Esta é a filosofia de muitas organizações. Podemos entender este nível de cliente como uma oportunidade de prospecção intensiva, também chamada de verticalização ou fidelização. Sabemos que quanto mais produtos e serviços o cliente tiver de uma empresa, maior será a sua fidelidade e maior a nossa conseqüente lucratividade. Bancos como o Unibanco, por exemplo, trabalham fortemente este conceito de relacionamento com o cliente. Unibanco significa único banco. Esta empresa busca atender os seus clientes na totalidade de suas necessidades relativas a serviços que possam ser prestados por uma instituição financeira.

❑ *BZs* — clientes *below zero*. São aqueles que jamais gerarão lucro suficiente para justificar as despesas envolvidas em seu atendimento. O objetivo da empresa é se livrar deles. Este é o perfil de cliente que está sempre insatisfeito, gerando vários retrabalhos, ou que esteja buscando erros da empresa para tirar proveito ou que, simplesmente, o custo de mantê-lo supera a receita obtida com ele.

Marketing mix

O marketing *mix* contribui para a realização da venda através de instrumentos controláveis pelo gestor de marketing que ajudam na obtenção de um melhor ajustamento entre a oferta que sua empresa faz ao mercado e a demanda existente.

O marketing *mix* é composto por quatro conjuntos de variáveis, geralmente identificadas por quatro Ps. Exclusivamente para o varejo, consideramos seis Ps: Produto, Preço, Praça/Distribuição, Promoção, Pessoas e Apresentação (*Presentation*).

Neste capítulo, estamos abordando apenas o P de promoção, que tem como finalidade promover, tornar os produtos/serviços, seus benefícios, seus valores e marcas conhecidos pelos clientes e fortalecer ainda mais a relação com os clientes.

O P de promoção é composto pelos seguintes instrumentos:

- pesquisa (qualitativa, quantitativa, qualiquantitativa e outras);
- propaganda/publicidade;
- promoção — de imagem (eventos) e de vendas;
- *merchandising;*
- *franchising;*
- *licensing;*
- assessoria de imprensa;
- relações públicas;
- venda pessoal;
- marketing direto;
- meios eletrônicos.

Escolhemos descrever os instrumentos que mais influenciam nas vendas. Vejamos a seguir.

Propaganda/publicidade

O que é propaganda?

Segundo a American Marketing Association, propaganda é toda forma paga e impessoal de promover idéias, bens e serviços por conta de uma instituição patrocinadora. Podemos dizer então que, sempre que compramos algum espaço em algum veículo de comunicação para informar os clientes ou potenciais clientes sobre os nossos produtos e serviços, estamos realizando uma propaganda. A propaganda poderá ser de produtos/serviços ou institucional.

A propaganda de produtos/serviços tem como objetivo divulgar o produto/serviço e fortalecer o seu posicionamento na sua categoria. A propaganda institucional diz respeito à imagem corporativa. A principal diferença entre propaganda e publicidade é o fato de a propaganda ter um patrocinador para sua veiculação, enquanto a publicidade é uma forma de comunicação espontânea e gratuita. Apesar dessas diferenças, o mercado utiliza os termos propaganda e publicidade como sinônimos.

Merchandising

Merchandising não é traduzido. Vem de *merchandise* (mercadoria, negociar, comerciar, operar com mercadoria).

É uma atividade mercadológica que se destina a conduzir os bens por meio dos canais de distribuição. É toda ação de valorização e enriquecimento do produto no ponto-de-venda, destacando-o da concorrência, levando o consumidor à decisão de compra.

O fator de sucesso do *merchandising* é a compra por impulso. Segundo o Point of Purchase Advertising International (Popai), instituição responsável pelas medições dos resultados de ações promocionais nos pontos-de-venda, 85% das decisões de compra ocorrem nos pontos-de-venda.

Promoção de vendas

Atividade mercadológica em que é ofertado um benefício extra e temporário ao consumidor, para induzir (seduzir) ou incentivar o ato da compra.

É a estratégia de comunicação mais diversificada. Os benefícios podem ser de forma pecuniária ou por meio de brindes.

Em ambos os casos, a promoção de vendas precisa ter a característica da temporalidade, devido ao custo.

Venda pessoal

Assume que os consumidores, se deixados sozinhos, normalmente não comprarão o suficiente dos produtos da organização. Assim, a organização deve empregar um esforço agressivo de venda e promoção (Kotler, 1999).

Envolve confronto pessoal entre o cliente e a empresa; permite que se realizem ajustes rápidos de percepções incompreendidas; permite o surgimento de todos os tipos de relacionamento entre clientes, vendedor e empresa; está inserida dentro de um contexto de "personalização".

Podemos dizer que o marketing do presente e do futuro é a mistura da psicologia com a tecnologia, com foco no aspecto socioambiental. Consideramos psicologia todos os esforços realizados para ocupar um espaço na mente do consumidor, além de tratá-lo de forma individualizada, mesmo dentro da massa, por meio da utilização de tecnologia como suporte, com instrumentos de alta tecnologia — *customer relationship manager* (CRM), *marketing information system* (MIS) e outros. As empresas devem estar atentas à importância da responsabilidade socioambiental.

Hoje, as empresas, para sobreviverem num ambiente altamente competitivo, devem observar cada vez mais qual a percepção de seus clientes em relação à empresa e seus concorrentes. Cada vez mais os clientes valorizam e priorizam adquirir produtos de empresas que valorizem a responsabilidade socioambiental.

Vimos, neste capítulo, que marketing está ligado diretamente à estratégia e que os clientes devem ser diferenciados pela sua importância para o contexto empresarial. Vimos, também, que venda é a operacionalização de todas as estratégias de marketing. Podemos avaliar, pelo resultado das vendas, se a estratégia definida pelo marketing foi bem elaborada e se o conhecimento que a empresa tem do seu meio, mercado consumidor, linha de produtos, colaboradores é suficiente para a obtenção de êxito. Resumindo, podemos dizer que, em qualquer organização, a prioridade é o cliente. Não existem empresas sem clientes e veremos no próximo capítulo a sua importância no nosso contexto.

2

O cliente

Neste capítulo, discorreremos sobre o cliente, mostrando principalmente como ele é visto na perspectiva moderna. Na era industrial, a relação com o cliente era baseada apenas na transação única, ou seja, a empresa tinha um produto ou serviço para vender e procurava alguém que apresentasse a necessidade correspondente. Todavia, observou-se, pouco a pouco, que esse tipo de abordagem era caro e pouco lucrativo. Hoje, a empresa entende que a sua base de clientes é um verdadeiro e importante ativo e que deve ser protegido como tal. Portanto, a ênfase atual é na fidelização do cliente, fazendo com que o relacionamento evolua sempre, até transformá-lo num autêntico parceiro.

A importância do cliente

Em um livro sobre técnicas de vendas, não poderíamos deixar de destacar, logo no início, a importância do cliente. No mundo dos negócios, tudo que é feito pelas empresas tem por objetivo chegar a este ponto culminante: o encontro do vendedor com o cliente. É nesse momento que a negociação é feita, gerando benefícios mútuos. Portanto, é fundamental que a figura do cliente seja bem entendida pelo vendedor como condição básica para o seu sucesso profissional.

À primeira vista, pode parecer descabido falar, para um profissional de vendas, sobre a importância do cliente. No entanto, todos nós somos, eventualmente, clientes e ficamos sempre sem entender como determinadas situações acontecem.

Quantas vezes vamos a um restaurante, sentamo-nos e esperamos pacientemente que um garçom tenha a boa vontade de nos atender? Quantas vezes entramos no escritório de uma imobiliária e vemos que todos os funcionários parecem fascinados pelo que o monitor de seu computador apresenta? Quantas vezes entramos em uma loja e temos de esperar que os vendedores terminem seu comentário sobre o jogo da véspera? Quantas vezes ligamos para uma central de atendimento e assistimos a uma empolgante corrida de revezamento, que tem a característica peculiar de ninguém querer segurar o bastão?

Às vezes, sentimo-nos invisíveis. Temos a sensação de que estamos incomodando. Escapa à nossa compreensão por que essas empresas gastam milhões em publicidade e propaganda para nos levar até lá e, quando lá chegamos, não conseguimos sequer um pouco de gentileza.

Vários autores são unânimes em ressaltar a importância do cliente. Vejamos algumas afirmações.

- ❏ "O propósito de uma empresa é criar e manter clientes" (Levitt, 1985:21).
- ❏ "Conseguir a satisfação do cliente seria impossível sem um processo bem definido que faça com que toda a organização focalize o cliente" (Hessan e Whiteley, 2004:61).

E, aparentemente, as empresas concordam com eles. Mas há uma dificuldade grande em operacionalizar essas intenções. Não adianta dizer que o cliente é o rei, que o mundo sem clientes seria um deserto. É preciso bem mais do que isso e, nesse esforço de criar, manter, fidelizar e recuperar o cliente, o vendedor é peça fundamental.

O vendedor é a empresa para o cliente, da mesma maneira como deve ser o cliente para a empresa. O resultado final de um serviço é um sentimento e os sentimentos são contagiantes. Um cliente satisfeito com você será um vendedor seu.

No entanto, um cliente insatisfeito é um terrível inimigo. Por duas graves razões: a primeira é que ele não reclama, não traz a informação, simplesmente dá as costas e vai embora (96% dos clientes insatisfeitos não reclamam). Em segundo lugar, porque transmite a insatisfação dele a 11 pessoas. O cliente satisfeito transmite apenas a três. O dano provocado pelo insatisfeito é bem maior que o lucro obtido na satisfação. No entanto, ao revelar a três conhecidos a sua satisfação, ele está agindo como um parceiro seu e elevando o seu potencial de vendas. Porém, 25% dos seus clientes se acham tão descontentes com os seus serviços que, a qualquer momento, podem parar de negociar com você... Somente 4% reclamam (Whiteley, 1992:20).

Embora esses dados representem médias estatísticas, eles são bastante significativos por ressaltarem o valor da reclamação. Você tem de começar a ver a reclamação como algo positivo. O cliente se queixa porque ele quer que você melhore para continuar a fazer negócio com você. É preciso entender que a reclamação é uma ferramenta de aumento da lucratividade.

Você, vendedor, pode estar pensando: "Sim, mas a satisfação do cliente não depende só de mim!" É verdade e você tem toda razão! Por isso, lembre-se da outra parte da sua função: represente o cliente dentro da empresa. Diga a sua empresa que custa cinco vezes mais esforço, tempo e dinheiro atrair um novo cliente do que manter um cliente antigo (figura 1).

Figura 1
FAÇA A VOZ DO CLIENTE ECOAR EM TODA A EMPRESA

De qualquer maneira, é você, vendedor, que está presente na "hora da verdade", aquele momento no qual o cliente entra em contato com algum aspecto da organização e obtém uma impressão da qualidade de seu serviço. Este conceito de qualidade mudou muito nos últimos 50 anos, simplesmente porque o mundo em geral vem transformando-se numa incrível velocidade. Em 1981, a IBM tinha apenas 26 concorrentes; em 1991, tinha mais de 5 mil. Quase 90% das pessoas que usavam computadores em 1990 não os usavam em 1980. São apenas exemplos das grandes mudanças que vivemos hoje (Whiteley, 1996).

Por essa razão, há necessidade também de uma mudança da visão do cliente, da visão industrial para a de relacionamento. Veja:

- ❑ visão industrial → *qualquer cor, desde que seja preto*
- ❑ visão de mercado → *diga que cor prefere*
- ❑ visão de relacionamento → *vamos descobrir como e se as cores são importantes para seu objetivo final*

Em nossos dias, a empresa precisa estabelecer o objetivo de manter clientes e operacionalizar uma forma de relacionamento que permita alcançar este objetivo. Quanto a isto, não progredir é regredir.

Relacionar-se significa conhecer os clientes, suas necessidades e desejos e procurar sempre satisfazê-los com o máximo de aproximação. Relacionar-se significa também tanto ouvir quanto falar. Relacionar-se significa principalmente que, se na empresa há mil funcionários, ela deve ter mil vendedores. Se alguém não estiver atendendo o cliente, sua função é atender alguém que o esteja fazendo. Se o foco é este, teremos confiança mútua e relacionamento lucrativo com os clientes, a longo prazo.

A mudança para o marketing de relacionamento

Como dissemos, a empresa moderna não quer apenas um encontro eventual com um comprador. Na palavra cliente, estão embutidos os conceitos de amigo, parceiro, propagandista etc. Queremos uma relação "ganha x ganha" que seja tão perene quanto possível. O quadro 1 mostra as mudanças necessárias.

O foco no relacionamento aumenta a retenção de seus clientes e, conseqüentemente, eleva o lucro da empresa, embora em valores diferentes, dependendo do segmento de atividade econômica.

Quadro 1
TRANSAÇÃO *VERSUS* RELACIONAMENTO

Foco na transação	Foco no relacionamento
Orientação para vendas únicas	Orientação para a retenção do cliente
Contato descontínuo com o comprador	Contato contínuo com o comprador
Foco nas características do produto	Foco nos benefícios do produto
Curto prazo	Longo prazo
Pequena ênfase em serviço ao cliente	Grande ênfase em serviço ao cliente
Qualidade é preocupação de alguns	Qualidade é preocupação de todos

E por que os clientes se tornam mais lucrativos ao longo do tempo?

Pelas seguintes razões:

- aumento do volume de negócios;
- redução do custo de aquisição de clientes;
- criação de soluções que podem ser partilhadas com outros clientes;
- lucro por *over price*;
- lucro por referências positivas;
- lucro por redução de custos operacionais;
- lucro por compras renovadas;
- lucro básico.

A reclamação do cliente

Convidamos você, vendedor, a encarar a reclamação do cliente de forma positiva. Claro que concordamos que o ideal é não dar margem para qualquer insatisfação, mas sabemos também que, na prática, isso é impossível.

Podemos dividir os clientes insatisfeitos em dois grupos: queixosos e não-queixosos. E podemos também dividir as queixas em: grandes e pequenas.

As estatísticas, citadas por Whiteley (1966), mostram que 95% dos clientes com pequenas queixas e 82% daqueles com grandes queixas comprarão de você novamente, se as queixas forem resolvidas rapidamente.

Se não houver rapidez na solução, esses percentuais caem para 70% nas pequenas e 54% nas grandes queixas. O fato espantoso é que, nas queixas não resolvidas, ainda temos o percentual de 46%, nas pequenas, e 19%, nas grandes, de clientes que voltarão a comprar. E esses percentuais são bem superiores aos 37% das grandes e 8% das pequenas dos que não se queixam. Percebeu o valor da reclamação? Mesmo não tendo sua queixa resolvida, o queixoso voltará a comprar em número bem maior àquele que não se queixa de forma alguma (Whiteley, 1992:20).

Isto mais uma vez dá ao vendedor a dimensão da importância de ouvir o cliente. Um cliente satisfeito e fiel é o que um vendedor e sua empresa desejam, porque gera mais dinheiro para ambos.

A matriz de fidelização divide os clientes em quatro grupos (figura 2).

Figura 2
MATRIZ DE FIDELIZAÇÃO

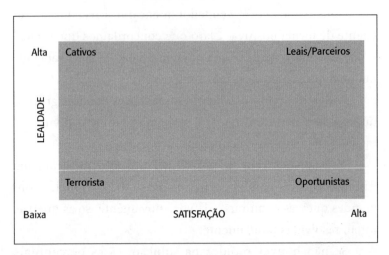

O parceiro ajuda o vendedor a vender para outros. O objetivo, portanto, do vendedor é transformar seus clientes em parceiros.

O terrorista é aquele que, por insatisfação, abandona o vendedor e faz propaganda negativa. Às vezes, um pequeno descuido cria um terrorista.

O oportunista aparece e desaparece. Seu comportamento é idêntico ao de um cometa. Não tem compromisso com o vendedor e comprará se as condições forem claramente vantajosas para ele. Não se interessa por ganhos mútuos; quer ganhar sozinho.

O cativo é o cliente impossibilitado de mudar, possivelmente porque seu fornecedor é único; sente-se preso numa armadilha.

Lembre-se: o cliente caminha na direção de parceiro ou na de terrorista (figura 3). Ele não fica parado. Relacionar-se de forma positiva, contínua e satisfatória é o segredo.

Figura 3
MOVIMENTAÇÃO DO CLIENTE

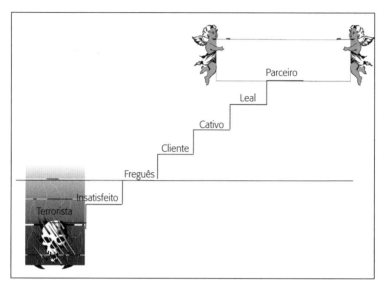

Os clientes parceiros custam menos para serem servidos, fazem gratuita propaganda boca a boca, compram produtos e serviços adicionais e são menos sensíveis aos ataques da concorrência.

Talvez um vendedor tenha dificuldade de medir esse ganho. Mas, se você é vendedor, não se esqueça de que também é cliente e certamente, nesta condição, você concorda com o que expusemos.

Por outro lado, a fronteira entre produto e serviço está desaparecendo rapidamente. Na maioria das vezes, o que os consumidores mais desejam de um produto é qualitativo e intangível: é o serviço, um aspecto essencial do produto. O serviço não é um evento; é o processo de criação de um ambiente de informação, garantia e conforto ao consumidor. O cliente quase sempre tem medo, incerteza e dúvida. Ele precisa ver no vendedor alguém capaz de trocar isso por conforto, estabilidade e confiança.

Você, vendedor, precisa criar uma fórmula especial de prestação de serviço, vinculada a uma premissa bem selecionada de benefício valiosa para o cliente, e que cria uma efetiva posição competitiva.

Descobrir o que o cliente quer e pelo que está disposto a pagar, descobrir necessidades, desejos e valores. Chamamos a isto identificação do modelo de valor. Este modelo de valor deve ser comunicado ao cliente da maneira mais clara e fácil.

Para que o vendedor possa definir com mais eficácia o modelo de valor, ele precisa entender as principais dimensões de comportamento do comprador, listadas a seguir.

O cliente tem necessidades

Não se esqueça de que qualquer produto/serviço é, aos olhos do cliente, um recurso para ele satisfazer uma necessidade. Por outro lado, o cliente tem várias necessidades que, entre si, disputam prioridades. O vendedor só terá êxito se estiver no topo da lista de prioridades do comprador. Pense sempre nas seguintes perguntas que estão na cabeça do cliente:

- ❏ Como este produto ou serviço cria benefícios?
- ❏ Qual a prioridade do objetivo que este produto/serviço atende?
- ❏ Em caso de conflito de objetivos, que compensações este produto oferece?
- ❏ Qual o risco existente na opção por este produto/serviço?
- ❏ O serviço/produto funcionará conforme prometido?
- ❏ O dinheiro será gasto sabiamente?
- ❏ Atende ao binômio custo/benefício?
- ❏ Ganharei respeito dos outros?

O cliente compara

Não basta que o produto/serviço do vendedor seja um bom recurso para que o cliente atinja seu objetivo. Ele vai comparar seu produto/serviço à sua primeira escolha e ao que ele considera ser o "melhor da classe" porque qualquer cliente gosta de alternativas e opções. Para ter sucesso, um vendedor deve estar preparado para a comparação; deve procurar vencer nos critérios mais importantes do cliente.

O cliente é saciável

A realização altera os objetivos. Isto significa que as expectativas dos clientes são crescentes. Suas aspirações tendem a ser progressivas. Por outro lado, suas necessidades futuras podem ser obscuras, necessitando, então, de ajuda para descobri-las. Logo, os caminhos de melhoria são animadores porque atendem aos interesses do comprador.

O cliente pensa

O nível de informação que o cliente tem sobre produtos/serviços pode variar de maneira significativa. Casos há em que você vai encontrar um cliente com mais informação que você. Em qualquer caso, porém, o cliente deve ser tratado sempre como uma pessoa inteligente. Respeite isto e use argumentos em que você próprio acredite.

O cliente é seletivo na sua busca por benefícios

Além do conhecimento, entra também a emoção na hora de se realizar uma compra. Lembre-se: nossa memória é seletiva.

Nossa percepção também. Benefício é benefício para o cliente. Você tem de adotar o ponto de vista do cliente e trabalhar toda a bagagem que ele já traz para destacar de forma nítida e cristalina os benefícios de seus produtos/serviços.

Se juntarmos essas cinco características do comprador, mencionadas até agora, podemos facilmente concluir que:

- os mercados são instáveis;
- isto é péssimo para o atual líder do mercado;
- isto é bom para os concorrentes.

Neste contexto, há duas palavras poderosas no vocabulário do vendedor: novo e melhor.

Finalmente, antes de começarmos a expor os aspectos comportamentais do vendedor, no próximo capítulo, gostaríamos de resumir tudo o que falamos a respeito do valor do cliente, por meio dos conhecidos *cincos segredos dos campeões de qualidade*:

- percepção extraordinária das necessidades de seus clientes;
- estratégia empresarial voltada para o *customer value*;
- compromisso com a qualidade em todos os níveis;
- aprimoramento contínuo de produtos e processos;
- administração por fatos e por *feedback*.

Neste capítulo, procuramos clarificar, tanto quanto possível, a importância e o valor do cliente, no atual mundo de negócios. Se é ele o alvo de todo vendedor, nunca é demais enfatizar a necessidade de conhecê-lo bem. Sem dúvida, entender o cliente, percebendo suas necessidades, dando-lhe o valor devido, é um dos pilares em que se assenta o sucesso de uma venda.

No próximo capítulo, vamos entrar em mais detalhes sobre o profissional que tem o papel importantíssimo de interagir exitosamente com o cliente: o vendedor. Vamos falar das principais características que formam o perfil deste profissional e também da evolução por que passa este perfil.

3

O vendedor profissional e suas principais características

Ao fazer a leitura deste livro, você pode estar buscando maior desenvolvimento profissional, pois já trabalha como vendedor, ou pode estar buscando maiores informações sobre essa profissão tão apaixonante. Seja qual for o seu caso, este capítulo é particularmente voltado para levá-lo a um momento de reflexão, de avaliação e de análise das principais caraterísticas que compõem esse profissional.

Desenvolvimento das potencialidades

Depois de cerca de 30 anos recrutando, treinando e acompanhando no campo todo tipo de vendedor, das mais variadas empresas e dos mais variados segmentos de atuação, chegamos à conclusão de que existem determinados pontos que são fundamentais para o desenvolvimento de um vendedor. Nesta profissão, muito mais do que em outras, a figura do vendedor carece de três características básicas para o seu desenvolvimento, independentemente do produto ou serviço que comercializa. Ao fazer essa leitura, se você é um vendedor, aproveite para realizar uma auto-análise e pergunte-se: como estou "caminhando" em cada um desses itens, onde posso melhorar, como posso melhorar, que ações devo realizar para melhorar o meu desempenho?

Dedicação

Procure dedicar-se ao máximo à sua empresa e aos seus clientes; tome todo o tempo necessário para fazer um bom atendimento, para desenvolver as melhores propostas, para oferecer as melhores opções do seu produto ou serviço. Se for necessário trabalhar à noite, nos finais de semana, nos feriados, faça-o sem hesitação.

Disciplina

O sentido de planejamento, de organização, é vital para o seu bom desempenho no campo. No capítulo envolvendo a primeira fase da venda, a pré-abordagem, voltaremos a tocar nesse assunto. Nunca esqueça que, quanto menos preparado você estiver na frente do cliente, menores serão as suas chances de fechamento da venda. Organize-se!

Determinação

Você já parou para pensar no real significado da palavra determinação? O que significa esse termo, o que significa ter determinação? Vamos fazer uma rápida "viagem" no dia-a-dia de um vendedor. Esse profissional é aquilo que nós chamamos de "homem de frente" da empresa, um dos poucos que mantêm contato direto com o cliente e, conseqüentemente, um dos primeiros a "ouvir um não". Muitas vezes, ao receber seguidas negativas, nossa auto-estima (o gostar de nós mesmos) começa a perder força; passamos a acreditar que, realmente, essa profissão é muito difícil, esse cliente é "muito complicado", não sabemos se realmente vale a pena insistir nesse trabalho.

Esperamos que você nunca tenha passado por essa situação, mas, se a resposta for sim, pode ter certeza de que não está sozinho; muitos vendedores já pensaram em desistir no meio do caminho. É necessário ter determinação para entender que um "não" dito agora não significa um "não" para sempre. Acredite em você! Não procure fazer nada apenas para receber de seu chefe um tapinha nas costas. Faça sempre o melhor que puder, aja sempre no limite da sua competência, não esmoreça nunca.

Principais características de um profissional de vendas

No decorrer de diversas turmas dos cursos de técnicas de vendas, bem como de negociação comercial que temos ministrado, em determinado momento solicitamos aos participantes que descrevam as principais características de um profissional de vendas, aqueles pontos que, efetivamente, fazem a diferença num vendedor. Convidamos você, leitor, para aproveitar o espaço a seguir e fazer as suas considerações, analisando e comparando os resultados obtidos.

Evidentemente, tal resultado pode lembrar muito mais um "super-homem" do que um vendedor, mas é interessante o exercício, para que você possa comparar a sua visão com a de outros profissionais da área.

- ❏ Boa apresentação.
- ❏ Postura profissional.
- ❏ Boa dicção.
- ❏ Boa comunicação.
- ❏ Conhecer o seu produto, a concorrência, o segmento de atuação da sua empresa.

- Alta competência em negociar.
- Simpatia.
- Bom humor.
- Gostar do que faz, entre outras características.

Mas, após relacionar todas essas qualidades, ficou-nos uma sensação de vazio interior, porque nós tínhamos apenas a ótica de qualidade de vendedores ou de vendedores em potencial. Ficou-nos uma pergunta sem resposta: como pensam os clientes, qual a visão que eles têm acerca das qualidades essenciais para um vendedor?

Foi pensando nisso que fomos ao campo para ouvir alguns clientes, saber se as suas respostas seriam muito diferentes, ou não.

Entendemos que, antes de falar sobre técnicas de vendas, objeto dos próximos capítulos, é importante observar princípios básicos que facilitam o processo de vendas, e que são facilmente identificados nos vendedores de sucesso. Esses profissionais têm como característica individual valorizar o seu relacionamento com o cliente, o que, associado às técnicas de vendas, resulta num método eficaz que os leva ao sucesso. Encontramos, entre tantos pontos, alguns que consideramos valer a pena salientar, a fim de que você se torne, se o desejar, um vendedor de sucesso.

Dominar todo o ciclo de comercialização do seu produto ou serviço

É essencial para o vendedor que deseja comercializar bem o seu produto ou serviço, não só o conhecimento destes, como adquirir uma ampla visão de todo o ciclo de comercialização. O processo de uma venda vai depender do produto, do serviço, das características da empresa, enfim, vai depender de muitos fatores. Na sua empresa, uma venda é fechada quando existe emissão de uma nota fiscal? Quando ocorre a assinatura de um contrato? Quando é emitida uma apólice? Não importa, o essencial é saber: do momento em que você fechou a venda até o momento da entrega do produto ou da aplicação do serviço, você conhece todas as etapas cumpridas? Você sabe por quantos departamentos o seu pedido passou? Por quantas áreas ele transitou? Conhece a seqüência desse trâmite interno? Isso é conhecer o ciclo de comercialização do produto. E você pode estar se perguntando: para que serve isso? Na realidade, no caso de uma solicitação fora dos padrões normais de entrega (prazo, local, quantidades), é fundamental você identificar os gargalos da sua empresa para poder suprir as reais necessidades desse cliente, e oferecer-lhe um atendimento diferenciado.

Usar de forma adequada os instrumentos de vendas e marketing

Em primeiro lugar: você conhece a diferença entre instrumentos de vendas e instrumentos de marketing? Instrumentos de vendas são todos os papéis que você utiliza no decorrer da entrevista de venda: bloco de pedido, tabela de preço, tabelas técnicas, entre outros. Instrumentos de marketing são todos os apoios visuais que você utiliza para facilitar a compreensão do seu produto pelo cliente: *fôlder* sobre produto específico, *fôlder institucional*, entre outros. Você não pode perder de vista que uma venda é um processo audiovisual; você mostra algo ao cliente sobre aquilo que está falando. E por falar nisso, quais são os seus meios audiovisuais de venda? O que você vem apresentando aos seus clientes? Qual a qualidade do material visual que você vem apresentando aos seus clientes? Como vem sendo atualizado? Pense nisso.

Provavelmente, a sua empresa desenvolveu para você uma série de instrumentos adequados a cada ação de vendas e perfil de clientes. Evite desperdiçar recursos e oportunidades, utilizando-os de forma correta.

Cultivar uma postura de consultor especializado

Evite parecer um vendedor como qualquer um. A forma como você se comporta, se apresenta e conduz as suas negociações é um facilitador para obter a confiança do seu cliente.

A época do vendedor que falava, falava e falava já passou. Hoje, é importante que você tenha a mesma habilidade em ouvir quanto tem em falar. Busque ouvir o que o cliente tem a dizer, quais são as suas reais necessidades, quais os problemas que pode enfrentar, ou que já está enfrentando, no caso de não ter as suas necessidades supridas. Busque uma solução para ele, apresente uma proposta consistente e vantajosa para ambos. Não veja o cliente apenas como fonte de renda, e você verá que a fidelização desse cliente ficará muito mais fácil.

Manter-se sempre atualizado e informado

Leia, estude e pesquise, para que você fique apto a esclarecer e sanar qualquer dúvida do seu cliente, bem como para que você possa desenvolver um quadro de cultura geral. Hoje, mais do que nunca, os profissionais que trabalham em contato direto com clientes precisam estar atualizados com tudo que se passa no mercado, com os seus concorrentes, com a sua empresa. É simplesmente inadmissível que o vendedor tome conhecimento da veiculação de um comercial da sua empresa por meio do cliente, que assistiu ao anúncio. Tenha sempre informações atualizadas sobre assuntos gerais. Muitas vezes, durante cursos que ministramos, ouvimos de alguns alunos:

"Desculpe, mas eu não tenho dinheiro para fazer assinatura de jornal, de revista semanal de informação." Nós entendemos isso claramente, mas existem outras formas de buscar informação a custo zero: ao acordar, ligue o rádio numa estação que apresente notícias; ao sair para trabalhar, antes da primeira visita, pare durante cinco minutos na frente de uma banca de jornais e se atualize. O que não pode acontecer é você não saber comentar com o cliente uma abordagem sobre um tema atual; você perde credibilidade junto a ele.

Apenas a título de informação, nos dois últimos meses, tomamos conhecimento de duas empresas de consultoria especializadas em recrutamento e seleção de equipes de vendas que marcaram dinâmicas finais para seleção de supervisores de vendas às sete horas da manhã, e a primeira pergunta feita aos participantes foi: "Quais as três manchetes dos jornais de hoje que mais chamaram a sua atenção e por quê?" E você, se tivesse participado dessa dinâmica na manhã de hoje, como se teria saído?

Praticar a excelência no atendimento ao cliente

A venda não termina quando o cliente assina a proposta. Ao tirar o pedido, a expectativa do cliente é que você, profissional de vendas, o atenda antes, durante e depois da venda.

Em muitas ocasiões, quando os produtos, as condições de pagamento, os prazos de entrega, os preços de dois vendedores são semelhantes, o cliente opta por aquele que lhe proporciona um melhor atendimento. Sempre que o cliente necessitar de ajuda, faça-o no menor tempo possível, atenda-o imediatamente por meio do celular ou de outros equipamentos disponíveis. Faça visitas de assistência apenas para saber se existem problemas, quais são eles, como impactam a sua relação com o cliente, quais as soluções prováveis que você pode oferecer.

Em um mercado altamente competitivo como o dos dias atuais, cabe ao atendimento uma grossa fatia de importância para que o cliente escolha o seu fornecedor preferido. E quanto a você, como anda o seu atendimento com seus clientes?

Estabelecer objetivos

Na maioria dos casos, você vai se beneficiar estabelecendo os seus objetivos, levando em conta a velocidade das mudanças. No mundo de hoje, as coisas acontecem rapidamente. Você precisa ser ágil para identificar os desejos de seus potenciais clientes, porém, mais importante do que isso, para identificar as necessidades deles.

A grande maioria das organizações desenvolve, discute, apresenta e acompanha, com a sua força de vendas, os objetivos individuais, muitas vezes já atrelados ao planejamento estratégico da empresa. Mas, se você que nos está lendo for autônomo, um profissional liberal, essas informações adquirem uma conotação ainda mais importante, pois o planejamento deverá ser realizado por você mesmo. No próximo capítulo, quando falarmos da primeira etapa da venda, voltaremos ao assunto. Hoje, como anda a sua organização? Você trabalha "em cima" de planejamento, ou é adepto daquela filosofia muito comum em algumas empresas, e em muitos vendedores, de que "o importante é ter criatividade para sair dos problemas do dia-a-dia"?

Ter atenção e percepção

Você deve estar atento e perceptivo a si mesmo, aos outros (clientes) e às oportunidades (sinais) que estão à sua volta ou no contexto em que estiver inserido. A percepção faz parte do processo de comunicação. A comunicação é o grande canal da venda. A percepção tem a sua linguagem própria.

Você, vendedor, tem de estar muito atento para perceber e processar todos os sinais transmitidos. Você também transmitirá sinais que serão percebidos. Sem sombra de dúvida, é a percepção a maior ferramenta com que um vendedor pode contar quando estiver diante de um cliente.

Ser motivado e determinado

Você só será capaz de alcançar um objetivo se tiver um bom motivo que o impulsione, e você é o responsável pela sua própria motivação. Acredite em você, acredite que aquela venda será fechada, que aquele negócio será concretizado. Tenha determinação em tudo que fizer, jamais aceite um "não" como definitivo.

Seu entusiasmo demonstra claramente se você está motivado ou não. A sua apresentação pessoal indica como vai a sua auto-estima. Mantenha uma postura ereta, cabeça erguida; não baixe o tom da sua voz, mantenha-a sempre firme. A voz transmite o seu estado de espírito. O aperto de mão é outra expressão significativa.

Bem, depois de ler sobre o que os clientes "exigem" de nós vendedores, depois de você fazer a sua própria lista de habilidades em vendas, depois de nós termos comentado o que os vendedores têm apresentado em sala de aula sobre as principais características técnicas e comportamentais importantes, acreditamos que você já esteja curioso por saber algumas respostas básicas: posso me considerar um bom profissional de vendas? Sou um negociador comercial hábil? Onde devo melhorar? Como fazer para melhorar? Quais são as minhas principais virtudes? Quais são os meus principais defeitos a corrigir?

Foi pensando nisso que nós, ao final do livro, colocamos um rápido exercício de auto-avaliação, que poderá servir de balizamento para futuras ações de desenvolvimento profissional. Evidentemente, dentro de qualquer exercício, existirá sempre uma pequena margem de erro, mas, com o conhecimento que você tem de si mesmo, isso não atrapalhará o resultado; muito pelo contrário, você terá condições plenas de fazer correções de rumo rapidamente. Um dos pontos fortes desse exercício consiste na possibilidade que ele lhe dá de mapear suas qualidades e defeitos profissionais, e saber onde e como deverá proceder para melhorar seu desempenho. Boa sorte e, seja honesto com você mesmo ao responder!

Esperando que você tenha feito o exercício e gostado do resultado obtido, e que esse vá ao encontro da imagem que você tem de si mesmo como vendedor profissional, encerramos este capítulo. Nele, buscamos expor, caro leitor, quais são as principais características de um profissional de vendas num mercado altamente competitivo e mutante como é o atual.

Nós o convidamos, agora, a nos acompanhar no próximo capítulo, onde você poderá refletir sobre a primeira etapa de uma venda, a pré-abordagem. Vamos mostrar o que deve ser contemplado num planejamento de venda e quais as principais ações que as organizações vêm praticando junto às suas equipes comerciais. Venha conosco!

4

A primeira fase da venda: pré-abordagem

Prezado leitor, nos capítulos anteriores, tivemos a oportunidade de apresentar as principais características de um profissional de vendas, e você pôde acompanhar conosco que ser um vendedor profissional não é tão fácil como pode parecer num primeiro momento. Já vimos o perfil técnico ideal do vendedor, já vimos o perfil comportamental ideal do vendedor, você já teve a oportunidade de se auto-avaliar e tirar suas próprias conclusões sobre onde precisa melhorar e como deve agir para que essa melhora aconteça.

Neste capítulo, vamos começar a conversar sobre as etapas de uma venda e sobre como podemos separar cada passo de uma venda para facilitar seu total entendimento.

Não pretendemos dizer que essa forma de apresentação da venda é única e a melhor de todas; seria leviano de nossa parte pensar dessa forma. Existem vários consultores e vários livros que analisam a venda com outra estrutura. Nós, que vivemos constantemente desenvolvendo vendedores em cursos e palestras, além de acompanhá-los no campo na busca incessante de sua melhoria técnico-comportamental, acreditamos nessa configuração. Vale a pena conferir conosco.

As fases da venda

Uma venda se divide em seis fases, como podemos ver a seguir:

- ❑ primeira fase — pré-abordagem;
- ❑ segunda fase — abordagem;
- ❑ terceira fase — levantamento de necessidades;
- ❑ quarta fase — apresentação do produto ou serviço;
- ❑ quinta fase — fechamento;
- ❑ sexta fase — pós-venda.

Vamos dedicar este capítulo inteiro à primeira fase da venda.

Primeira fase da venda – pré-abordagem

É o momento em que você, vendedor, se prepara para a venda. Você não está, ainda, na frente do seu cliente. É uma fase de organização e planejamento, em que o seu principal objetivo é coletar e analisar informações. Todo tempo que você investir na preparação e no planejamento do seu trabalho é tempo bem aplicado. Quanto maior a quantidade e a qualidade das informações que você puder obter sobre o seu cliente, a empresa, os concorrentes do seu cliente, as suas reais necessidades, mais proveitosa será a entrevista de venda que acontecerá em seguida. Lembre-se: vendedor despreparado é alvo fácil para um cliente bem preparado. Vamos dar algumas dicas para facilitar o seu trabalho.

É imprescindível que você se organize e se planeje nos pontos a seguir apresentados.

Administração do tempo

Nunca se atrase para um encontro com o seu cliente. Ele pode se atrasar, você não. Respeite o tempo do seu cliente e o seu.

Perder tempo é perder vendas. Amanhã, você não conseguirá fazer as vendas que deixou de fazer hoje, e o que é mais grave: outro vendedor as fez.

Principais desperdiçadores de tempo do vendedor

- ❑ Falta de planejamento diário, semanal ou quinzenal. Um dos maiores fatores de perda de tempo de um vendedor é sair de casa sem idéia clara sobre onde ir e o que fazer.
- ❑ Roteiros de visitação mal estudados, proporcionando longos trajetos improdutivos. O tempo despendido para locomoção entre um cliente e outro deve ser o menor possível. Quando for viável, agrupe seus clientes por endereço ou bairros próximos para diminuir o tempo em trânsito.
- ❑ Conversa desnecessária com o cliente. Já reparou que muitos clientes seus que são "excelentes papos" pouco ou nada compram de você? Muitas vezes, ficamos de "papo furado", desviando o objetivo da nossa visita.
- ❑ Não atingir outros clientes potenciais no mesmo roteiro de visitas. Ao terminar uma entrevista de venda, sempre pergunte ao cliente se ele possui um colega de trabalho ou amigo próximo que você possa visitar. Pode ser um momento interessante para uma indicação, principalmente se a sua apresentação causou um bom impacto.
- ❑ Atividade de lazer durante seu horário "nobre", desviando sua atenção para outras coisas que não têm nada a ver com seu trabalho. Cuidado, pois, muitas vezes, um pequeno almoço acaba se transformando num grande desperdiçador de tempo.

- Ter receio de fechar a venda de imediato, deixando a decisão do fechamento por conta do cliente, ou para mais tarde, obrigando-se a revisitá-lo. Acredite em você e no seu trabalho. No capítulo sobre fechamento da venda, voltaremos ao tema.
- Abandonar o cliente no primeiro indício de dificuldade. Muitas vezes, a insegurança do vendedor diante de uma objeção faz com que ele postergue ao máximo um novo contato.
- Não ter tempo para administrar o seu tempo. Esse é o pior caso. Pare, pense e mude!

Apresentação pessoal

Esse assunto parece bastante óbvio para um vendedor, mas vale a pena passar algumas rápidas informações que temos acompanhado no campo. Em vendas, nem sempre você tem uma segunda chance para causar uma primeira boa impressão. E a primeira impressão é a que fica!

Antes de vender o seu produto, o seu serviço e a sua empresa, você vende a si mesmo; por isso, tenha cuidado com a sua aparência. Escolha sua roupa com atenção, pense no que poderá ajudá-lo a vender e a vencer.

Muitos vendedores com os quais temos mantido contato chegam a dizer: "É assim que eu sou e não vou mudar agora". "Terno? Gravata? Roupa social? Nem pensar..." "Se as pessoas não gostam, o problema é delas."

Se você quer mesmo vender, faça o que puder para aumentar as suas chances em uma entrevista de vendas.

Unhas limpas, cabelos cortados, barba bem-feita, é um assunto que, com certeza, você já ouviu muitas vezes. Para as mulheres, particularmente, cuidado com o excesso de perfume, com roupas exageradamente decotadas ou curtas. Então, não se descuide. Antes de sair para a sua visita, faça uma auto-análise! Você se compraria?

Organização do material

Nas nossas "peregrinações" acompanhando vendedores no campo, pudemos presenciar inúmeros deslizes; por esse motivo, seguem algumas dicas básicas para você não ter problemas.

Antes de sair do escritório para fazer a sua primeira visita do dia, confira se está de posse de todo o material necessário para a entrevista. Lembre-se sempre de que o cliente pode solicitar algo que não estava previsto.

Mantenha o seu material organizado e atualizado, evitando juntar papéis que não são mais utilizáveis ou que não estão relacionados com o seu negócio.

Quais os materiais que você precisa levar? *Notebook*, calculadora, caneta, tabelas, planilha de cálculo, mais de uma proposta, fôlder do produto ou serviço, fôlder da empresa...

Localização da entrevista e do cliente

Antes de começarmos uma venda, existem muitos aspectos a serem planejados, e a estruturação de um itinerário de visitas é um dos mais importantes. Para ajudá-lo, selecionamos algumas informações que consideramos indispensáveis. Verifique sempre os itens seguintes.

- ❑ Você conhece o local da entrevista e sabe como chegar lá?
- ❑ Sabe qual o tempo de locomoção entre o seu escritório e o cliente?
- ❑ Sabe qual é o mais adequado meio de transporte a ser utilizado?
- ❑ É rua de fácil acesso, ou pode ter problemas de trânsito?
- ❑ A entrevista é no escritório do cliente ou na sua residência?

Não se esqueça de que uma entrevista de venda numa residência possui maior quantidade de agentes de dispersão e de perda de tempo do cliente como, por exemplo, mulher, filhos, amigos, televisão, música...

❑ Pense sempre: tenho outras visitas próximas que posso realizar?

Mas você pode estar se perguntando: na prática, no dia-a-dia, o que o mercado vem fazendo, quais são as informações que as equipes comerciais coletam e que servem de balizadoras nas negociações comerciais que hoje observamos? Para que você tenha informações atualizadas e confiáveis sobre o que o mercado vem praticando, fomos conversar com diretores comerciais, gerentes e supervisores de vendas, para saber o que pensam, como agem, que informações levantam. Veja a conclusão a que chegamos.

O que é importante saber sobre o cliente?

No seu negócio, o que é importante saber sobre o seu cliente? Quem é, qual o cargo que ocupa, qual o seu grau de participação num processo de compra, se o seu perfil é agressivo ou conciliador, se é pessoa educada, se tem secretária, qual o nome dela... Tente levantar, por telefone e por meio de contatos com outros vendedores, outros fornecedores, todas as informações possíveis sobre a pessoa que você irá visitar.

Como é a empresa?

Tente descobrir qual o negócio da empresa, de quem vem comprando, o que vem comprando, quais as quantidades compradas de cada produto. Não se esqueça de, antes de efetuar a primeira visita, conhecer seu site, conhecer seu organograma, locais onde tem escritório, onde fica a matriz, se participa de alguma ação social, se tem convênio com alguma ONG, o que faz, para quem, quantos funcionários tem — enfim, levante a maior quantidade possível de informações. Talvez você não as use em sua totalidade na entrevista, mas, em vendas, é preferível pecar por excesso do que por falta.

Como obter essas informações sobre o cliente e a empresa?

Quais são os canais que poderão ser úteis no seu trabalho de prospecção da empresa e do cliente? Você poderá levantar informações nas associações comerciais, nas federações de indústria, na concorrência, com vendedores amigos que os visitam e vendem para eles, em catálogos, em listas de mala direta, entre outras fontes. O importante é que você levante o máximo possível de dados para servir de base de argumentação na sua entrevista.

Qual o potencial de compra do cliente?

Em muitas ocasiões, nós, vendedores, entramos numa empresa, conversamos com o cliente, apresentamos nosso produto ou serviço, fechamos a venda e nos retiramos pensando que tudo está caminhando muito bem. Precisamos começar a pensar de forma mais agressiva, mais atuante. Descubra, com o cliente, a quantidade do seu produto para a empresa suprir totalmente as suas reais necessidades. É muito comum uma empresa dividir as suas compras entre vários fornecedores; portanto, tente ganhar a maior fatia dessa venda, descobrindo o seu potencial real de compra. Seja observador, chegue mais cedo para a entrevista, ande pela produção, converse com as pessoas, faça um relacionamento amistoso com todos. Não pense que todas as informações importantes virão sempre do comprador. Invista tempo nas suas vendas, tenha percepção apurada para observar, analisar e usar as informações coletadas.

Quem são os seus concorrentes diretos?

Você já parou para se perguntar quem são os seus concorrentes diretos? Busque informações no mercado sobre como eles trabalham, qual a sua política de preços, quais as condições de pagamento que oferecem, qual o prazo de entrega que praticam, qual a quantidade mínima de produto que vendem — enfim, conheça os seus concorrentes diretos. Em muitas situações já vividas por nós acompanhando vendedores no campo, observamos que, quando dois produtos são rigorosamente iguais, o cliente optará pelo vendedor que oferecer o melhor atendimento. Agora, aproveite e faça uma breve reflexão: como anda o seu atendimento aos clientes? Quando algum deles o procura, quanto tempo, em média, você está levando para fazer o novo contato? Conheça os seus concorrentes, detecte os seus pontos fracos e aja com muita agressividade nesses pontos. Ocupe espaço, mostre que você é um profissional de vendas, e não um simples "tirador de pedido".

O que o cliente compra normalmente?

É imprescindível que, antes de começar uma entrevista de venda, você busque todas as informações sobre o histórico de compras do cliente a ser visitado. Perguntas importantes como: qual a periodicidade e a regularidade com que faz compras, qual foi a sua última compra, quanto comprou de cada produto, qual a forma de pagamento escolhida, pagou dentro do prazo, está satisfeito com o produto? Conhecer os hábitos de compra de cada cliente é uma obrigação de qualquer vendedor. Há cerca de um ano, participamos de algumas pesquisas realizadas com 2 mil clientes do eixo Rio–São Paulo. Entre muitas respostas, uma nos chamou demais a atenção, pois era relacionada às seguintes perguntas: "Você conhece toda a linha de produtos dos vendedores com os quais negocia? Que outros produtos desse vendedor poderiam ser úteis para a sua empresa?" A resposta desses 2 mil clientes nos deixou de olhos arregalados, quando 87% deles disseram que o vendedor tem, por hábito, apresentar apenas aqueles produtos que já são comprados por eles, sem se preocupar em apresentar outras opções ou mesmo novos lançamentos. Pense nisso quando for fazer a sua próxima visita: o seu cliente conhece toda a linha de produtos que você comercializa?

O que eu posso oferecer a mais para ele?

Como você pode observar, essa pergunta complementa o item anterior. Antes de sair para uma visita, pense sempre no que você e sua empresa podem oferecer a mais. Hoje, mais do que nunca, é importante que os seus clientes tenham alguma diferenciação do que o mercado pratica. Se você, leitor, já tiver certa idade, deve se lembrar de uma campanha publicitária da Shell, que fez enorme sucesso. Naquela época, todas as gasolinas eram absolutamente iguais, e a Shell lançou a primeira e a única gasolina aditivada do mercado, com o seguinte *slogan*: "Só Shell tem ICA (*ignition control aditive*)". Esse *slogan*, juntamente com a figura de um simpático elefante, foi responsável por uma das campanhas com maior aceitação de que já se teve notícia, e as vendas, evidentemente, tiveram um crescimento considerável. Queremos, com esse exemplo, dizer que, nos dias de hoje, não adianta você apresentar um produto ou serviço que todos já conhecem; você será apenas mais um entre tantos. Faça a diferença, apresente novidades ao cliente, seja em forma de produto, de apresentação, de atendimento diferenciado, não importa. O que importa é que você surpreenda o seu cliente e cause impactos positivos. Pense em qual o seu diferencial de venda. Se não achou nenhum, cuidado, pois a luz amarela pode estar acendendo para você.

O que farei para ajudar o cliente a suprir suas necessidades?

Pela pergunta, já deve ter ficado claro que, antes de tentar buscar soluções para o cliente, muitas vezes soluções prontas criadas pela sua empresa, é fundamental que você ouça muito o cliente, principalmente na primeira entrevista que tiver com ele. Somente após ouvir atentamente suas necessidades é que você terá alguma chance de oferecer alternativas que lhe agradem. No capítulo relacionado com a etapa do levantamento das necessidades, nós trataremos mais a fundo esse assunto. Por enquanto, pense em todas as alternativas possíveis para ajudar o seu cliente e esteja preparado para apresentá-las a ele durante a entrevista.

Quais as vantagens competitivas do meu produto?

Esse ponto, sem sombra de dúvida, é um dos mais importantes para nós que somos vendedores. Você conhece o seu produto, sabe em que ele se diferencia da concorrência, conhece seus pontos positivos e os negativos? Muitas vezes, durante cursos, recebemos sempre a mesma indagação: "Como tratamos as objeções do cliente?" No capítulo que fala sobre o fechamento da venda, nós vamos abordar esse tema com profundidade; porém, vá se acostumando com uma verdade que muitos vendedores não aceitam: vendedor que não conhece o produto, não conhece o concorrente, não conhece o segmento onde atua, não tem base de argumentação. Estamos dizendo isso porque ressaltar os benefícios que o seu produto tem e que a concorrência não tem é uma das principais ferramentas de que o profissional de vendas dispõe para tratar uma objeção. Você conhece profundamente os seus produtos, conhece o que os diferencia dos outros? Se a resposta for positiva, parabéns; porém, se for negativa, trate de estudar muito, se não você vai se juntar àquele grupo de vendedores que dizem que "vender é muito difícil...".

Como usar as informações levantadas para atrair e desenvolver uma apresentação de venda produtiva?

Nós já chegamos a comentar que uma venda é um processo audiovisual. Você fala com o cliente enquanto apresenta algum material para explicitar o seu ponto de vista e também para facilitar o nível de assimilação e compreensão do cliente. Baseado nisso, é importante que você tenha cuidado com o material que vai usar durante a entrevista, que conheça muito bem os *links* do produto com o fôlder de apresentação, que fale ao cliente "o que ele quer ouvir do seu produto", enfim, que você saiba usar todas as informações conseguidas na fase da pré-abordagem para atrair o cliente e desenvolver uma apresentação agradável e dinâmica. Lembre-se sempre: cliente que não participa da venda é cliente que não compra.

Que objeções o cliente poderá fazer? Como tratar essas objeções? Como transformá-las em benefícios?

Não tenha medo das objeções. Se elas surgem, é porque o cliente está interessado em saber mais coisas sobre seu produto, seu serviço, sua empresa. Mas vamos fazer um exercício de reflexão juntos. A quantidade de objeções que você enfrenta no seu dia-a-dia é infinita? É claro que não. Após algum tempo, as objeções começam a se repetir, começam a não trazer grandes novidades para você. Na fase da pré-abordagem, é importante que você liste todas as objeções que puder lembrar, e pense como vêm sendo tratadas quando surgem. Muitas vezes, uma conversa com o gerente de vendas, com o supervisor de vendas, pode trazer grande benefício para toda a equipe comercial. Um dos principais trabalhos que desenvolvemos em muitas empresas é pedir a toda a equipe de vendas que liste as objeções que vem encontrando no campo e como elas vêm sendo tratadas. Numa reunião departamental, as experiências são explicitadas e examinadas a fundo. O importante é que você esteja preparado para enfrentar as objeções com segurança e conhecimento.

O cliente é íntegro?

Infelizmente, quem se propõe a escrever um livro sobre vendas tem de tocar neste assunto, mesmo que muito a contragosto. Nosso país, infelizmente, tem-nos dado muitos motivos para não falarmos sobre isso, mas somos forçados, pois pretendemos retratar neste livro a realidade dos fatos que o mercado nos apresenta, e não, simplesmente, transformá-lo num interminável desfile de teorias importadas e que não se ajustam à nossa realidade. Nós sabemos muito bem que existem as "comissões", os "por fora", o "jeitinho" para facilitar a compra. Antes de mais nada, é importante você saber, de modo claro e concreto, como a sua empresa encara esse assunto. Tente sempre estar do lado da ética, do lado da lisura, mas nunca se esqueça de buscar informações prévias sobre os seus clientes, se eles compartilham desse sentimento ético. O que não pode acontecer, de modo nenhum, é você ser apanhado de surpresa e reagir como se fosse "um ingênuo". O mundo dos negócios nem sempre é simpático e hospitaleiro. Esteja preparado.

Quem mais tem acesso ao processo de compra?

Esse pequeno cuidado, que muitos vendedores não têm, é o grande responsável por uma enorme quantidade de vendas que não são fechadas, de negócios que não se concretizam.

Quando você se sentar com o seu cliente para iniciar uma negociação comercial, procure identificar como funciona o processo de compra da empresa, quais as pessoas que são responsáveis e que são envolvidas no processo, quais os prazos de pagamento. É muito comum presenciarmos ou ouvirmos histórias de vendedores que são chamados pela área técnica da empresa, desenvolvem um produto ou um serviço específico para as necessidades daquela área, muitas vezes em negociações envolvendo dias, semanas ou até meses, realização de inúmeras reuniões, deslocamento do pessoal técnico e de vendas, além do tempo investido na formatação de projetos. Quando finalmente se pensa que a venda está fechada, a área técnica informa ao vendedor que o projeto será encaminhado para a área de compras, que é a responsável pelo fechamento da negociação. Mas, na maioria das vezes, o comprador está mais interessado no preço, na qualidade, no desconto, nas condições de entrega, e fará uma análise comparativa com outros fornecedores da empresa. Você não conversou com ninguém de compras, você não buscou sensibilizar nenhum profissional de compras para a importância do seu produto, você não se preocupou, em momento algum, em conhecer o funcionamento do processo de compras. Não se esqueça de que essas normas mudam de empresa para empresa e você precisa estar absolutamente "antenado" com todos os clientes.

A negociação é a longo ou a curto prazo?

Paciência para esperar os melhores resultados ou pressa em colher os melhores ganhos. Qual a melhor característica para um vendedor? E a resposta é: depende. Exatamente, depende do tipo da venda, da característica do produto ou serviço que você comercializa, do estilo do comprador, do perfil da empresa para qual você está vendendo, das normas que regem as compras nessa empresa, enfim, depende de muitas e muitas variáveis. Vendedores que têm pressa, quando envolvidos numa negociação a longo prazo, poderão ter sérios problemas. Vendedores mais pacientes, envolvidos em negociações em que a concorrência chega a ser predatória, também poderão ter sérios problemas. Nessa etapa da venda, procure identificar, com outros fornecedores, com outros vendedores, todas essas informações que nós detalhamos, e vá preparado para ser paciente ou ser ágil. Aja sempre conforme a situação permitir. Um velho professor de faculdade gostava de repetir sempre a seguinte frase: "No baile da venda, na maioria das vezes, os compradores tocam e os vendedores dançam conforme a música tocada". Muito sábio aquele mestre.

Até que valor você desce sob pressão?

Este item e os dois que se seguem dizem respeito, especificamente, à negociação comercial. Antes de entrar numa entrevista com o cliente, tenha sempre em mente o valor mínimo a que você poderá chegar; se passar daquele limite, não feche a venda. Mas é importante frisar que, ao estabelecer um valor mínimo para fechar a venda, esse valor não significa que você estará perdendo dinheiro, esse valor mínimo não significará que você fechou a venda "no vermelho". Faça uma previsão do mínimo aceitável, dentro das opções e possibilidades que a sua empresa oferece em termos de margem de desconto para o cliente. Você deixou de ganhar, mas não perdeu dinheiro.

Qual a previsão do ideal a que você quer chegar?

Qual o valor ideal para você fechar aquele pedido, aquela venda. Pense no que o mercado está praticando em termos de preço, pense nas possibilidades de desconto e feche um valor próximo do ideal. Pense no preço que você necessita para tornar a sua venda produtiva. Muitos vendedores se preocupam somente com a quantidade de vendas realizadas, quando precisam pensar, também, na qualidade da venda. Ao preparar uma previsão do ideal de preço, tenha muito cuidado para ser realista com o mercado.

Qual a previsão do máximo a que você quer chegar?

Vimos que precisamos trabalhar com um valor mínimo, com um valor ideal, e fica faltando o valor máximo. Esse valor significa que, ao entrar numa negociação, você deve ter em mente, sempre, que existirá a necessidade de "queimar gordura" durante a negociação. Vendedores experientes apresentam um preço contendo um valor um pouco maior, já pensando "no desconto" que precisarão dar ao cliente. Mas, ao desenvolver um valor máximo para o seu produto ou serviço, cuidado para não sair dos valores praticados pelo mercado, isto é, cuidado para não colocar um valor que fará com que a sua proposta fique muito alta para a realidade do cliente e do mercado. Para evitar esses eventuais problemas, a diferença entre o valor mínimo para o ideal e o valor ideal para o máximo não deve ultrapassar 10%.

Deve ser salientado que a linha de raciocínio aqui exposta não se restringe, exclusivamente, a valores; você pode substituir o preço pelo que for negociar, seja prazo, condições de pagamento, entre outros. O importante, sempre, é que você, antes de entrar numa negociação, seja comercial ou não, tenha sempre em mente o seu ideal naquela negociação, o mínimo que aceita e o máximo que acredita que conseguirá.

Resumindo o que foi dito neste capítulo, podemos listar as principais ações de pré-abordagem observadas no mercado:

- confecção de itinerário de visita diário, semanal ou mensal;
- segmentação dos clientes por quantidades compradas, faturamento, potencial de compra, localização, entre outros;
- pesquisa da empresa a ser visitada, por meio da internet;
- pesquisa da empresa a ser visitada, por meio de outros fornecedores;
- análise de crédito;
- pesquisa técnica das necessidades da empresa visitada;
- produtos que serão apresentados e nível de priorização;
- material utilizado pelo vendedor durante a sua apresentação de vendas;
- planejamento da visita, com ênfase no que vai falar e na seqüência da apresentação;
- agenda da entrevista, otimizando-a para não perder o seu tempo nem o do cliente;
- preparação das técnicas de vendas e de negociação;
- valorização das informações da pré-abordagem, utilizando-as na entrevista de venda.

Resumindo, na pré-abordagem, você organiza, prepara e planeja a entrevista.

Vimos a primeira fase da venda, a pré-abordagem, suas principais características e como o mercado vem se adaptando a esse passo tão importante. No próximo capítulo, trataremos da segunda etapa da venda, a abordagem. É o momento em que, para muitos, a venda começa, é o momento em que você fica frente a frente com o cliente, e precisa estar muito bem preparado para esse instante. Acompanhe-nos nas próximas páginas e você saberá como.

5

A segunda fase da venda: abordagem

Vimos, no capítulo anterior, por que a primeira fase da venda, a pré-abordagem, é uma das mais importantes, proporcionando-nos a oportunidade de planejar as ações, de antever possíveis rejeições, de conhecer melhor a realidade em que o nosso cliente se encontra, de buscar informações que nos possibilitem descobrir as suas reais necessidades e desejos.

Neste capítulo, finalmente, estaremos frente a frente com o cliente e poderemos colocar em prática a grande maioria das informações que coletamos sobre ele e sua empresa.

Como abordar o cliente

A abordagem é uma das fases mais importantes da venda e você irá entender o porquê. É o momento em que você se aproxima do cliente, estabelecendo uma sintonia entre ambos. Tenha sempre o cuidado de ter uma postura profissional; mostre a ele, logo de início, que você está ali para ajudá-lo, demonstre confiança e passe segurança nas suas afirmações.

Os primeiros segundos de qualquer apresentação são decisivos para o sucesso da entrevista.

Para você abrir eficazmente uma venda, procure quebrar a resistência natural dos clientes em relação aos vendedores e desenvolva um relacionamento pessoal, e não apenas comercial (o chamado "quebra-gelo"). Neste momento, você deve estar se perguntando: "Mas eu nem bem cheguei e já existe uma resistência por parte do cliente?" Infelizmente, essa é uma grande verdade dos nossos dias, e acontece em função da existência de inúmeros "tiradores de pedido" que, sem qualquer preparo ou comprometimento, vêem no cliente única e exclusivamente uma fonte de renda para si mesmos, independentemente do que for necessário fazer para conseguir seu intento.

Nesse momento da venda, é essencial evitar comportamentos que, geralmente, resultam em reações negativas por parte do cliente.

Na sua abertura da entrevista de venda, faça colocações criativas, diferentes e inteligentes, que estimulem uma conversa. Aborde assuntos não relacionados diretamente com o produto e evite fazer perguntas que possam ser respondidas com uma simples palavra, como sim ou não, porque a sua chance de desenvolver um relacionamento a partir dessas respostas é pequena. Nunca confunda bom relacionamento com o cliente com amizade com o cliente. A amizade em excesso, em vez de abrir portas, pode fechá-la mais firmemente do que nunca, pois você dificilmente conseguirá utilizar alguma técnica de venda com um amigo.

Lembre-se: conduza a sua entrevista sempre em direção ao real motivo da sua presença, que é a venda. O importante não é o tempo que você passa com o cliente, mas o tempo que você passa vendendo para o cliente.

Numa venda, a sua abordagem deve ser constituída de uma apresentação simples:

- o seu nome;
- o nome da sua empresa;
- o motivo da sua presença.

Em seguida, você deve entrar com algum tipo de "quebra-gelo", como veremos a seguir.

Tipos de abordagens técnicas

A importância da abordagem está no fato de o vendedor criar alguma situação que faça o cliente querer escutá-lo. Os modelos de abordagens técnicas são sugestões de como você pode iniciar sua entrevista de venda. Você poderá reparar que alguns modelos se aplicam tanto à fase da abordagem quanto a outras etapas da venda.

Elogio

O elogio pode ser um instrumento poderoso de abertura de entrevista de venda, desde que obedeça a alguns cuidados. Cuidado com elogios diretos, aqueles relacionados à roupa do cliente, ao seu corte de cabelo, seu relógio, jóias etc. Evite sempre elogiar aspectos pessoais dos clientes, pois nunca teremos certeza se estamos elogiando ou criticando. Lembremo-nos, como exemplo prático, de um elogio que fizemos a uma senhora grávida, quando lhe dissemos que ela estava muito bonita e radiante grávida, e recebemos como resposta imediata: "Mas eu não estou grávida!" Sem comentários, não é mesmo? E a minha entrevista de venda, como ficou, depois desse episódio? Não totalmente perdida, mas, certamente, comprometida.

Faça elogios sinceros sobre a empresa do cliente, sobre o atendimento telefônico que você recebe quando liga para ele, sobre a presteza das informações da área de compras, sobre os comerciais de televisão da empresa, que são de muito bom gosto e originalidade (se for verdade!). Aproveite a oportunidade para observar a secretária do cliente e faça elogios sobre sua discrição e competência. Mas lembre-se: faça sempre elogios que sejam sinceros.

Mistério

Para alguns produtos ou serviços, a abordagem por meio de um mistério pode ser altamente recomendada. Essa técnica consiste em mostrar o resultado final, ou parte dele, do produto ou serviço que você comercializa, e perguntar ao cliente se ele está interessado em saber como poderá vir a ter aquele resultado ou produto final. Certa vez, ministrando curso de técnicas de vendas para uma multinacional fabricante de máquinas copiadoras, treinamos com a equipe comercial a seguinte situação: o vendedor se apresentava ao cliente, mostrava uma cópia obtida na nova máquina da empresa e lhe perguntava: "O senhor quer saber como conseguir uma qualidade de cópia como essa por um preço 5% abaixo da concorrência?" O convite do cliente ao vendedor para sentar e expor o produto era quase inevitável.

Um dos maiores exemplos que já presenciamos dessa técnica aconteceu no litoral de São Paulo, quando um vendedor apresentou, ao proprietário de uma casa de praia em que estávamos hospedados, uma foto da fachada da casa e, sobrepondo uma transparência colorida com uma arte de como ficaria a casa depois da reforma, perguntou ao proprietário: "Posso entrar e lhe mostrar como é fácil e barato transformar a fachada da sua casa e deixá-la linda como nesse desenho?" Faça o cliente ficar interessado na sua proposta, faça o cliente querer ouvi-lo. Faça mistério.

Pergunta

Use uma pergunta como "gancho" para começar um diálogo com o cliente. Comece sua entrevista de venda preferencialmente com uma pergunta, pois uma pergunta inteligente exige uma resposta, e essa resposta leva ao início de um diálogo com o cliente. O tipo de pergunta vai depender, sempre, do seu produto ou serviço comercializado. Podemos citar como exemplos: "Quais os principais produtos que a sua empresa comercializa?" "Quais os seus principais fornecedores de ferro?" "Quais os principais problemas que a sua empresa vem enfrentando na compra de produtos de vedação de forno?" Agora, pense no seu produto ou serviço e prepare algumas perguntas para fazer na sua próxima visita.

Nome

Sem dúvida alguma, o nome da sua empresa, a respeitabilidade da marca do seu produto é um fator muito importante para usar como forma de iniciar uma entrevista com o cliente. Quando você se apresenta e diz qual a empresa que representa, no caso de ser conhecida no mercado, o impacto causado pode e deve ser aproveitado. Caso a sua empresa não seja muito conhecida, use a sua postura e imagem de credibilidade e confiança como forma de facilitar o início da entrevista.

Bonificação

Bonificações e ofertas serão sempre uma forma altamente confiável para iniciar uma entrevista, pois poucos são os clientes que não demonstram grande interesse em receber alguma forma de vantagem. As ofertas e bonificações também podem ser utilizadas como instrumento de fechamento da venda, dependendo sempre do que está sendo comercializado. Este tipo de abordagem é recomendado a partir da segunda visita ao cliente.

Referência

Clientes que já compram de você, clientes indicados, clientes satisfeitos com o seu produto, serão sempre fontes interessantes para usar como referência ao cliente novo que você está abrindo. Expressões como: "Fui indicado pelo sr. Antônio, da Empresa 3X, que me pediu que o visitasse e lhe apresentasse o meu produto, pois ambos têm as mesmas necessidades".

Amenidades

Caso perceba que o cliente gosta de falar, você pode abrir a conversa falando sobre o tempo, a última notícia do jornal, a expectativa do feriado que acontecerá, enfim, você pode começar usando assuntos informais. Tome cuidado, sempre, em não tocar em temas que possam gerar polêmica, como, por exemplo, política, futebol, religião, sexualidade etc.

Assuntos empresariais

Para muitos clientes, a melhor forma de abordagem é falar sobre a empresa dele, sobre a situação do mercado no seu segmento de atuação, sobre os resultados das importações, entre outros. Mantenha-se sempre informado para poder discutir de igual para igual sobre as principais inovações do mercado.

Vimos alguns exemplos de técnicas de abordagem. Vejamos agora alguns comportamentos que, se devidamente praticados, também causam um impacto positivo, sem que você tenha falado nada.

Tipos de abordagens comportamentais

Quando pensamos nas mais variadas formas de abordar o cliente, damos ênfase, na maioria das vezes, às abordagens técnicas. Mas é importante saber que existem outras formas de influenciarmos positivamente os nossos clientes, sem que nada ou quase nada seja dito. Chamamos essas técnicas de abordagens comportamentais, como veremos a seguir.

Aproxime-se calmamente

Esteja atento à velocidade com que se aproxima da outra pessoa. Não se apresse, não dê a impressão de que deseja se livrar da situação ou que a visita ao cliente é coisa rápida. Se você ficar tenso, poderá perder o domínio da situação. Pesquisas comprovam que, quando você chega cedo à entrevista e se apresenta de forma calma, passa ao cliente um sentimento de planejamento, organização e segurança. O contrário também é válido quando você chega atrasado, em desalinho, suado em excesso. Pense nisso: o cliente pode se atrasar; você, não.

Tenha boa postura, demonstre segurança

Avalie a situação e, quando entrar na sala, faça-o com segurança, o que pode ser demonstrado por meio da postura, dos passos e da elegância. A postura correta dá impressão de autoconfiança e domínio da situação; entretanto, se os seus modos forem negligentes ou desinteressados, o impacto será muito negativo.

Cumprimente com aperto de mão e breves palavras

Um aperto de mão diz muito. É o primeiro e quase sempre o único contato físico que temos com outra pessoa, e deve ser usado sempre em nosso benefício.

Um simples "bom dia" ou "como está?" é apropriado para se dizer como cumprimento, mas deve ser pronunciado com clareza e transmitir uma atitude de confiança e descontração. Fale num tom tranqüilo e bem modulado. Ouça o que você está dizendo e como está dizendo. Algumas obras sobre vendas e negociação chegam a dizer que temos de apertar a mão do cliente com firmeza, para transmitir segurança e credibilidade. Na realidade, devemos estender a mão ao cliente e retribuir na mesma intensidade. Se for firme, seja também; se for mais relaxado, corresponda assim — enfim, retribua o mesmo tipo de cumprimento recebido.

Quando você estiver atendendo um cliente do sexo oposto, cuidado com o famoso beijinho. Na dúvida, aconselhamos um aperto de mão apenas, para evitar possíveis situações embaraçosas.

Posicione-se em condições confortáveis

Finalmente, quando for convidado a sentar, preste atenção ao lugar que foi oferecido. Se puder, escolha a cadeira que o coloque numa boa situação em relação ao cliente, preferencialmente de frente. Tome cuidado com algumas formas erradas de agir, muito comuns em vendedores inexperientes.

Não se jogue para trás na poltrona, pois isso poderá passar uma imagem de distância em relação à necessidade real do cliente. Converse com o corpo levemente inclinado sobre a mesa, apoiando-se nos braços.

Ao conversar, evite cruzar os braços ou as mãos, pois essa atitude não-verbal pode representar pouca disponibilidade para negociar.

Controle seus movimentos durante a negociação

A forma pela qual você se movimenta durante uma entrevista de venda pode não parecer, mas vai ajudá-lo a desenvolver a sua venda.

As pessoas são julgadas pelas suas posições, reputação, pela forma como se vestem e também pela maneira como se movimentam.

Em vendas, é necessário que você tenha consciência, não apenas do que diz, mas também de como se comporta enquanto está falando.

Os seus movimentos contribuem muito para a sua aparência geral. Sob pressão, somos impulsionados a nos movimentar, e a primeira parte do corpo a reagir são os pés.

Se você estiver sentado, esqueça que a cadeira tem um encosto (cuidado com sofás com assento muito macio e cadeiras giratórias). Sente-se levemente inclinado para a frente e firme os pés no chão, assim eles não se movimentarão.

Excesso de movimentação do corpo, caneta que entra e sai do bolso inúmeras vezes, mãos agitadas em demasia, abrir e fechar da caneta ou da agenda são sinais de ansiedade que você está transmitindo para o seu cliente. Contenha-se, sem ficar parecido com um robô.

Atenção: controle não significa ficar parado, mas movimentar-se de maneira natural, de forma a contribuir para o seu sucesso no encontro com o cliente.

Fale olhando nos olhos

Fale olhando nos olhos do cliente, mostre segurança, postura e credibilidade no que diz. Enquanto estiver conversando, olhe diretamente para o seu cliente. Sua imagem será marcada com clareza e persuasão.

Olhar nos olhos da pessoa com quem se está conversando não significa arregalar os olhos. Você deve apenas mirá-los enquanto fala e, quando olhar para alguma coisa, pare de falar por alguns momentos. Se você desenvolver o hábito de falar somente quando está olhando nos olhos de outra pessoa, vai perceber que as suas idéias são expressas com mais clareza.

Isso se aplica a todos os casos e a todos os clientes? Não. Quando você se defrontar com uma situação em que o cliente, ao ser encarado por você, desviar o olhar, relaxe um pouco a sua apresentação, deixe de mirá-lo por alguns momentos, pois você pode estar diante de um cliente tímido, e qualquer ação intimidatória de sua parte terá um resultado contrário ao esperado.

Ouça e observe o cliente e seu ambiente

Você deve tentar obter o maior número de dados sobre o seu cliente para poder usá-los em seu benefício.

Suponhamos que você vá encontrar o seu cliente no escritório dele. Observe o tamanho da sala, a localização e a decoração (quadros, *souvenirs*, livros, folhetos e revistas podem dizer muito sobre a vida, interesses e *hobbies* de seu cliente).

Ouça o que a outra parte tem a dizer. Essas palavras podem ser valiosas. Ouça com atenção e produtividade. Preste atenção às palavras-chave, idéias, movimentos estratégicos, expressão facial, emoção etc. Use sua inteligência e percepção e esteja alerta. Ouça com muito cuidado, use as próprias palavras do seu cliente para reforçar uma idéia sua e equilibrar o diálogo com ele.

Não existe uma receita pronta de abordagem. Ela tem de ser desenvolvida por você, pois, afinal de contas, você não ficaria à vontade ao dizer a mesma coisa que outra pessoa diria.

Dedique tantas horas a praticar a abordagem quanto você dedica a outras fases da venda.

Neste capítulo, você teve informações sobre como abrir uma entrevista de vendas, tanto no aspecto técnico quanto no aspecto comportamental. No próximo capítulo, você receberá informações sobre a importância de saber a real necessidade do cliente e sobre a arte de fazer perguntas que extraiam informações importantes. Acompanhe-nos nas próximas páginas.

6

A terceira fase da venda: levantamento das necessidades

Seguindo as técnicas de abordagem apresentadas no capítulo anterior e tendo uma boa interação estabelecida com o seu cliente, você, vendedor, agora está pronto para fazer um preciso levantamento das necessidades desse cliente. Esta etapa é absolutamente fundamental no processo de venda porque, se você não conhecer, com algum detalhe, as necessidades do cliente, jamais saberá se o seu produto/serviço é a solução que ele precisa. É desse assunto que trata este capítulo.

O correto levantamento da necessidade do cliente

No capítulo 1, tocamos de leve na questão das necessidades. Dada a importância desse tema, vamos agora aprofundá-lo um pouco mais. O levantamento das necessidades é o momento crítico do processo de negociação com o cliente. É preciso que o vendedor tenha sempre em mente que qualquer pessoa só adquire aquilo que, na percepção dela, tem valor. Esse conceito de valor é tão importante que vale a pena determo-nos nele alguns instantes. A quantidade de recursos financeiros de qualquer cliente é limitada, porém não o são as suas necessidades. Portanto, a necessidade que o vendedor está atendendo, com seu produto ou serviço, compete com um sem-número de outras necessidades. Daí haver um pensamento decisório bem refletido na pergunta: "Vale a pena?" Seja qual for a necessidade atendida, é preciso que o cliente sinta que está fazendo o melhor investimento. Abraham Maslow elaborou uma hierarquia das necessidades humanas, representada graficamente pelo triângulo mostrado na figura 4.

Figura 4
PIRÂMIDE DE MASLOW
NECESSIDADES HUMANAS

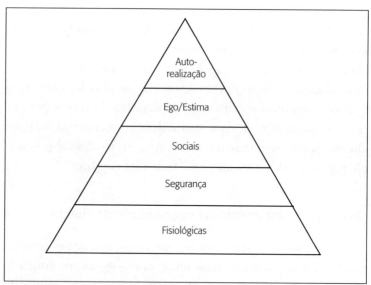

Fonte: Maslow, citado por Las Casas (2004).

De acordo com a teoria de Maslow, o ser humano, durante a sua vida, faz três grandes descobertas. A primeira é a de que ele é um animal e, como conseqüência desta condição, ele tem as mesmas necessidades que qualquer outro animal (comer, beber, respirar, abrigar-se, locomover-se etc.). Estas necessidades, se não satisfeitas, colocam a sua vida em risco. Foram chamadas por Maslow de fisiológicas e estão na base do triângulo, o que significa que, enquanto não forem atendidas, o ser humano não terá mais nenhuma outra.

Por outro lado, uma vez satisfeitas as necessidades fisiológicas, surgem as de segurança, ou seja, o ser humano percebe que tem necessidade de se sentir seguro em relação à manutenção de sua vida, por mais longa que esta seja. Podemos exemplificar, dizendo que ele procura um emprego sólido e estável, faz uma previdência privada, poupa, compra móveis e imóveis etc.

Superado esse patamar, é feita a segunda descoberta. A de que ele não é um animal qualquer, mas nasceu dotado de um instinto gregário que o leva a buscar a comunhão com os outros seres da sua espécie. Ele vive em sociedade, participa de grupos, relaciona-se, cria redes etc. O desenvolvimento de suas potencialidades depende da quantidade e qualidade de interações que se estabelecem o tempo todo. É uma real e imperiosa necessidade, não esquecendo, todavia, que ela só é plenamente sentida quando as anteriores já foram superadas. É a necessidade social.

No entanto, viver comunitariamente não significa forçosamente viver bem. À medida que o tempo avança, o ser humano percebe que a inclusão social, por si só, não basta. Ele tem também necessidades de ego, ou seja, ele quer ser estimado, querido, amado, respeitado por seus parceiros na aventura existencial. O grupo tem de indicar, com freqüência, que a sua participação é importante, que a sua ausência é sentida.

Atingindo esse ponto, o ser humano faz a terceira e última descoberta: a de que, além de animal, além de animal social, ele é também um animal espiritual. É dotado de um espírito pleno de potencialidades, que precisam ser desenvolvidas e que, por maior que seja a vida, não encontram ponto de exaustão nunca. É a necessidade de auto-realização, colocada, por esta razão, por Maslow, como ápice do seu triângulo. A pessoa que chega a este nível precisa desenvolver-se sempre, superar-se sempre, melhorar sempre, evoluir permanentemente, sem que consiga enxergar, durante toda a sua vida, o ponto de saturação desse aperfeiçoamento.

Essas são as necessidades humanas. Essas são as necessidades do cliente que têm de ser descobertas pelo vendedor como condição *sine qua non* para viabilizar a venda. Algumas cautelas são necessárias.

Por exemplo, quando uma cliente entra numa loja de confecção, que necessidade a impulsionou? A fisiológica, de proteger o seu corpo; a social, de impressionar bem e ser aceita por seus amigos; ou a de ego, de ficar bonita e atraente? São três necessidades diferentes levando à mesma aquisição. Se o vendedor não souber identificar a correta, corre o risco de não fazer a abordagem adequada e eventualmente perder a venda.

Dois detalhes são importantes: as necessidades fisiológicas e de segurança são inelásticas; ninguém almoçará duas vezes porque tem muito dinheiro. As sociais e as de ego são elásticas; havendo poder aquisitivo, as pessoas tendem à demonstração de *status*, poder e ascensão social. As de auto-realização são infinitas; neste tocante, o ser humano ainda é bastante desconhecido. Por outro lado, o triângulo de Maslow não é universal; pessoas há que podem deixar de comer para comprar o tênis da moda.

Por que é importante o levantamento correto da necessidade do cliente?

Porque a única coisa que o vendedor tem para vender são benefícios. O cliente não está interessado nas características do produto/serviço, a menos que seja um comprador muito bem informado, nem está interessado nas vantagens do produto/serviço, a menos que tenha amplo conhecimento da concorrência. Ele está interessado nos benefícios. Um benefício é o encontro completo e harmonioso do produto/serviço com a sua necessidade. Quando isso ocorre, a venda está fechada. Fica óbvio por que o vendedor tem de conhecer a necessidade do cliente. Para ser mais específico, dever-se-ia dizer as necessidades dos clientes. Dificilmente há um cliente só. A regra geral é a de que o cliente é representado por mais de uma pessoa. Duas são particularmente importantes: quem vai usar e quem vai pagar.

Por exemplo: pai e filha entram na loja de um distribuidor de automóveis. O impulso da compra foi proporcionado pela conclusão, com brilhantismo, de um curso superior pela filha. Quem é o cliente? Não pode haver dúvida: ambos. O vendedor tem de ser sagaz o suficiente para perceber que a necessidade da filha (usuária) e a do pai (pagador) são diferentes. E ambas têm de ser satisfeitas.

Por vezes, a figura do cliente se transforma numa verdadeira unidade de decisão, comparecendo perfis diversos como: iniciador, consultor, monitor, autoridade e decisor. Todos participam, em maior ou menor grau, da decisão. Embora suas necessidades sejam diferentes, todas têm de ser conhecidas e satisfeitas.

Analisando o processo decisório do cliente, vemos que, via de regra, ele segue o seguinte fluxo:

$$\text{Consciência} \rightarrow \text{Informação} \rightarrow \text{Avaliação} \rightarrow \text{Intenção} \rightarrow \text{Compra.}$$

Há dois momentos neste fluxo em que a participação do vendedor é crítica: informação e intenção. Quanto mais informação o vendedor tiver, melhor. Informação a seu próprio respeito, sobre os seus produtos/serviços e, principalmente, acerca do cliente. Sem informação, não há venda; pode haver compra, mas venda, não. O vendedor tem de estar pensando sempre em como ampliar o seu acervo de informações. Estamos na era da informação. Quem tem primeiro as informações corretas age mais rápido e melhor. Por esta razão se afirma que informação é poder. Conhecer bem o seu produto/serviço o transforma num verdadeiro consultor, capaz de assistir ao seu cliente na melhor escolha. Além disso, é fundamental manter-se bem informado sobre o seu cliente. Sendo um cliente habitual, saiba que mudanças podem ter ocorrido com ele. Mantenha seus ouvidos e olhos bem atentos e leia as revistas e periódicos sobre o ramo de seus principais clientes. Quanto à intenção, ela se refere ao poder de persuasão do vendedor, assunto que discutiremos mais tarde.

Informação... a seu próprio respeito?!

Sim, por menos que pareça fazer sentido. Antes de vender o seu produto/serviço, o vendedor tem de vender a si. Ninguém compra nada antes de "comprar" o vendedor.

Como gerar confiança e estabelecer um relacionamento permanente com o cliente:

- ❏ cumpra o que prometeu;
- ❏ seja objetivo;
- ❏ seja você mesmo;
- ❏ não seja crítico ou impaciente;
- ❏ aceite que o outro tenha opiniões diferentes;
- ❏ não esconda o jogo.

O vendedor deve valorizar o seu trabalho. Deve enxergar-se como um consultor do cliente. Não deve falar demais nem responder a perguntas que não foram feitas. Não deve ter medo de ouvir um "não". Não deve perder tempo tentando ficar amigo do cliente.

O vendedor precisa conhecer-se. Identificar os seus pontos fracos e procurar eliminá-los, ao mesmo tempo que procura desenvolver os seus pontos fortes. Um desses pontos merece destaque e vamos entrar em pormenores na próxima seção.

Ouvir empaticamente

Quem fala é o cliente. O vendedor ouve. Sua grande ferramenta? Perguntas bem-feitas. Como conhecer as necessidades do cliente sem fazer perguntas?

Mas não basta fazer perguntas; é preciso ouvir as respostas com atenção, com empatia, processando-as, interpretando-as. Como descobrir no cliente que procura uma broca qual a real necessidade dele? Fazer um buraco, pendurar um quadro, montar uma estante? Cada caso é um caso, cada necessidade é satisfeita com uma broca diferente. Ao ouvir o cliente, entendo o que está por trás do produto/serviço e, por decorrência, aumento as minhas chances de surpreendê-lo de forma positiva. Lembre-se: as pessoas não gostam que lhes vendam algo, mas adoram comprar!

A pergunta não é o único canal de obtenção de informações sobre o cliente mas, sem dúvida, é o mais importante. A capacidade de descrever com detalhes seus clientes, seus padrões de compra e suas necessidades é algo que distingue os vendedores de sucesso. Quanto mais pormenores de seus clientes o vendedor for capaz de descrever, mais fácil será elaborar uma estratégia adequada às reais necessidades deles. Além da pergunta, o vendedor pode usar outras técnicas para obter informações. Vejamos:

❑ telefonema ou envio de e-mail para marcar visitas;

- observação do local de trabalho do cliente;
- informações pedidas a outros vendedores da empresa;
- informações pedidas a clientes antigos sobre clientes novos;
- jornais e a mídia em geral;
- visita sem agendamento;
- carta pessoal para o cliente;
- intermediários (amigos comuns, por exemplo);
- carta de referência de um cliente atual.

Ainda que a eficácia da pergunta seja bem maior do que a desses outros meios, não convém desprezá-los.

Quantas perguntas devem ser feitas ao cliente? Todas! Porém, não passe de um ponto natural de insistência. Mais importante do que fechar uma venda, é manter no cliente a sensação de que pode aproximar-se de você sem medo. Porém, se o cliente coloca uma objeção, você deve interpretá-la como sinal de interesse. Por trás dela, vemos que existe a necessidade, mas vemos também a insegurança do cliente. Entenda a objeção como sinal positivo para a continuidade da conversa, mas seja objetivo na explicação ao cliente. Se a objeção for real, não a mascare. Mantenha o seu objetivo de satisfazer o cliente. Um negócio só é bom quando é bom para os dois lados. Um vendedor não quer um freguês eventual, ele quer um cliente fiel.

Empatia

Além de ouvir atentamente, além de deixar o cliente falar pelo menos seis vezes mais que você, além de procurar interpretar a linguagem verbal e não-verbal do cliente, procure colocar os "sapatos" dele. Pois empatia é a capacidade de compreender a constituição emocional dos outros; é a habilidade para tratar as pessoas de acordo com as suas reações emocionais. É um dos cinco pilares da inteligência emocional, que garante um saudável e eficaz relacionamento entre as pessoas.

Se um cliente diz "Este preço é um absurdo, é um roubo!", ele pode abalar o autocontrole do vendedor. Se isso acontecer, o vendedor começará a antipatizar com o comprador e acabará por descartá-lo. Na realidade, o cliente se surpreenderá se o vendedor mantiver o controle e prosseguir tentando verificar o porquê daquela afirmativa. Novamente, a pergunta é de capital importância, principalmente "Por quê?" Esta pergunta tem o efeito mágico de fazer com que a conversa evolua da maneira mais racional possível.

Ouça atentamente

Isto significa integrar, ouvir e verificar. Ouvir atentamente é fazer um esforço consciente para escutar, prestando o máximo de atenção, verificando se o que está sendo dito corresponde à verdade e testando, o tempo todo, a exatidão e correção da informação produzida. Eis algumas sugestões:

- ❏ ouça com um propósito;
- ❏ ouça sem dividir a sua atenção;
- ❏ verifique se você está realmente compreendendo o que está sendo dito.

Como sugere Peters (1989:142): "Ouvir os clientes é algo que deve ser feito por todos. Com a maioria dos concorrentes movendo-se cada vez mais rápido, a corrida será vencida por aqueles que ouvem e respondem com maior atenção".

Como desenvolver sua capacidade de ouvir

Aprenda a permitir que os outros expressem os seus pensamentos sem interrompê-los.

Aprenda a ouvir nas entrelinhas, pois nem sempre o outro diz tudo só com palavras.

Concentre-se em desenvolver a sua capacidade de retenção do que ouve.

Não "tire do ar" o seu interlocutor, se você achar que aquilo que ele está dizendo não lhe interessa.

Não se exalte ou se irrite se as idéias do outro forem contrárias às suas convicções.

Aprenda a não prestar atenção às interferências do ambiente.

Enquanto ouve, o vendedor deve observar atentamente o cliente. O verbo ouvir se conjuga em paralelo com o verbo olhar. Procure pistas que apontem para certas características ou traços do comprador, interprete essas pistas, verifique a exatidão de sua interpretação e use suas pistas e suas interpretações para ajudar no relacionamento com o cliente, determinando os próximos passos.

Quando se fala em ouvir ativamente, na realidade estamos falando da atitude do vendedor. Essa atitude deve combinar um bom controle emocional, que o impede de ser frio e insensível ou sonhador e escapista, com uma dose razoável de entusiasmo. O vendedor deve ver-se como um profissional, que realiza uma atividade extremamente útil para a empresa e o cliente. Etimologicamente, entusiasmo significa "ter Deus dentro de si". Uma pessoa entusiasmada é naturalmente autoconfiante, positiva, com auto-estima elevada e sente prazer no trabalho. Gosta de se relacionar com pessoas e acredita no seu *know-how* e competência para realizar um bom trabalho. Ela é transparente, mantendo sempre um comportamento ético em suas ações. Ela é perseverante, pois acredita em si e procura aperfeiçoar-se continuamente. A calma, oriunda do controle emocional, permite que ela escute com paciência o cliente. Mesmo que esteja com problemas pessoais, isto não oblitera seu pensamento. Não deixa de ouvir pela ansiedade de fechar a venda.

O que caracteriza o vendedor bem-sucedido é a capacidade de ouvir, sentir e ver as verdadeiras motivações dos clientes e praticar a empatia com eles. O vendedor preparado estimula o comprador a falar o tempo todo, principalmente sobre o que está precisando e o que ele quer evitar. Só desta maneira o vendedor vai estabelecer um nexo forte entre as necessidades reais, reveladas pelo cliente, e aquilo que o seu produto/serviço é capaz de oferecer. Quanto mais o cliente for conduzido a acreditar por si mesmo nessas vantagens, menos esforço terá de ser feito para convencê-lo.

Se necessário, o vendedor deverá tomar notas. São as anotações sobre os dados da realidade do cliente — suas necessidades, suas condições, seus desejos — que vão manter a sua argumentação no caminho certo para satisfazê-lo. Se o cliente vê você anotar tudo que ele diz, ele vai ficar motivado a falar ainda mais. Isto também obriga você a ficar calado e a ouvir mais, entendendo melhor onde fundamentar seus argumentos.

A arte de perguntar

Perguntar é uma arte e o vendedor deve desenvolvê-la. Não comece com perguntas cujas respostas tenham o poder de encerrar a conversa. Comece sempre com perguntas abertas, do tipo: o que, quem, como, por que e onde. São perguntas gerais que fazem as pessoas se abrirem e falarem. Em princípio, acredite que as pessoas gostam de falar de si mesmas e que quanto mais informações você obtiver sobre o cliente, mais fácil será identificar as suas necessidades.

Exemplos:

❑ No caso específico do seu apartamento, estamos falando de quantos cômodos?

- Onde o senhor pretende instalar a sua televisão?

A seguir, entre com perguntas dirigidas. Estas provocam no cliente o desejo de abrir-se mais e mais, estimulando o pensamento em novas direções, forçando o cliente a avaliar as conseqüências de não comprar e fazendo com que ele se atenha mais objetivamente ao negócio a ponto de responder o que você deseja ouvir. Esse tipo de pergunta força, sutilmente, uma escolha.

Essas perguntas devem ser feitas com o objetivo de acentuar as partes da negociação em que já há acordo, diminuindo a parte em que há necessidade de maior exploração. Você deve usá-las quando se sentir seguro de que já percebe os pontos principais de interesse do cliente.

Exemplos:

- Das geladeiras que vimos, a senhora concorda que o modelo DXK é o mais adequado à sua cozinha?
- Sendo tão pequeno o acréscimo de preço, vamos levar também os travesseiros?

As perguntas dirigidas devem ser mescladas com perguntas reflexivas. O objetivo destas é diminuir a tensão em que o cliente se encontra se, por acaso, ele não estiver seguro sobre as suas próprias necessidades. É preciso que qualquer dúvida levantada por ele seja respeitada por você. Não force a decisão. Uma boa técnica é reformular a dúvida dele com as suas próprias palavras, mostrando que você entende seus pontos de vista e está interessado em ajudá-lo. Por outro lado, esse comportamento evita que o vendedor se transforme numa máquina de perguntar ininterruptamente, o que certamente vai indispor o cliente.

Exemplos:

- O senhor me parece preocupado com a forma de pagamento. Podemos discutir isto agora?

❏ A senhora talvez esteja insegura por não haver consultado seu marido. Quer ligar para ele agora?

Você pode também valer-se de perguntas específicas sempre que sentir necessidade de mais alguma informação. Estas podem até não ter o formato interrogativo, mas sim o de um convite para o cliente aprofundar algum aspecto que possa ser relevante para a investigação de suas necessidades e desejos. Exemplos:

❏ Algumas pessoas têm rejeição a esta cor. É este o seu caso?
❏ O senhor está preocupado com a possibilidade de não cumprirmos o prazo de entrega?

Esta fase, no contato com o cliente, deve terminar com perguntas fechadas. São perguntas que normalmente são respondidas com um sim ou não. Estas são usadas para verificar e confirmar entendimento, fazer com que a conversa chegue a uma conclusão ou redirecionar o diálogo, caso tenha surgido algum impasse. Exemplos:

❏ O senhor ainda tem alguma dúvida?
❏ Esta blusa é de fato o que a senhora deseja levar?

Em situações de venda, as perguntas são mais persuasivas. Quando estiver vendendo, você precisa perguntar mais. Analise o seu poder de persuasão.

Você informa uma a três vezes mais do que pergunta? A maioria das pessoas informa mais do que pergunta. Entretanto, pessoas bem-sucedidas em vendas usam muitas perguntas para persuadir o comprador

Você pergunta mais do que informa? Se sim, você já tem muita experiência em vendas, ou tem um estilo natural de busca. Esse estilo natural de busca será de grande valia em sua carreira de vendas.

Um bom uso de perguntas faz com que o levantamento das necessidades do cliente caminhe suavemente de uma produção ampla de informações para uma determinação precisa das necessidades.

O levantamento da necessidade do cliente deve levar você a qualificar as oportunidades. Isto é traduzido por meio das seguintes perguntas:

- ❏ O cliente tem uma necessidade?
- ❏ O cliente está realmente pronto para comprar?
- ❏ O cliente está desejando comprar... de você?
- ❏ O cliente está em condições de comprar?
- ❏ Você está em condições de satisfazer a necessidade do cliente?

Finalmente, seja criativo. Existe uma expectativa de comportamento do vendedor toda baseada em clichês. Fuja disso. Desaprenda esses clichês. Procure o seu próprio estilo. Surpreenda o cliente. Desenvolva a sua criatividade.

Resumindo o que dissemos neste capítulo, podemos formular um *check-list* como ferramenta para um vendedor que esteja se preparando para o sucesso:

- ❏ faça as perguntas certas;
- ❏ assuma a ofensiva;
- ❏ identifique as necessidades essenciais;
- ❏ saiba como fazer o seu produto/serviço adaptar-se a outras exigências;
- ❏ assuma o papel de consultor;
- ❏ tome notas;
- ❏ mostre entusiasmo;
- ❏ dê a si mesmo o valor que merece;
- ❏ diga sempre a verdade;

❏ diga a todos que encontra para quem você trabalha e o que vende.

Terminada esta fase e você já tendo uma idéia clara das necessidades do seu cliente, das técnicas usadas para o levantamento dessas necessidades, do valor e dos diferentes tipos de pergunta, você poderá agora apresentar o seu produto/serviço já sabendo, com segurança, que ele representa exatamente a satisfação das necessidades identificadas. Este é o nosso próximo capítulo: apresentação do produto/serviço. Nele, veremos o conceito moderno de produto, o ciclo de vida dos produtos, os fatores que influenciam este ciclo e como o produto deve ser apresentado ao cliente. Continuemos juntos.

7

A quarta fase da venda: apresentação do produto ou serviço

Podemos considerar este capítulo muito relevante para o bom desempenho do vendedor. É de fundamental importância o conhecimento do produto/serviço que vende, sua forma de apresentação, seus atributos, bem como os de seus concorrentes. Neste capítulo, abordaremos o produto e a sua importância no contexto de vendas e marketing.

Produto

O P de produto é um dos componentes do marketing *mix*. Ele deve ser controlado pelo profissional de marketing. Segundo Kotler (1998:383), "as pessoas satisfazem suas necessidades e desejos com produtos". Ainda que saibamos que há necessidades e desejos que não são satisfeitos com produtos, não podemos esquecer que Kotler está se referindo apenas ao contexto comercial. O produto pode consistir basicamente de três componentes: bem físico, serviço e idéia.

Podemos usar como exemplo a compra de uma máquina de lavar roupas. A máquina é um bem físico, o lavar e sua instalação são serviços, e roupa limpa com pouco esforço é a idéia.

Não compramos os produtos por eles próprios, mas sim pelos serviços que eles nos prestam. O presidente da Revlon, conhecida empresa produtora de cosméticos, declarou que a sua empresa não vende cosméticos, mas beleza. Na realidade, todos os consumidores de cosméticos os adquirem na expectativa de se embelezar.

Os serviços são fornecidos por vários veículos, como pessoas, atividades, locais e outros. Quando estamos estressados, devemos viajar ou, simplesmente, assistir a uma comédia. A viagem é considerada uma atividade e a comédia é resultante do desempenho dos comediantes.

É muito importante entender que os produtos são instrumentos para o atendimento das necessidades e desejos dos seres humanos. Ao comprar uma furadeira, o carpinteiro tem por objetivo não a furadeira, mas sim fazer o buraco que necessita, da melhor forma.

Um objeto físico é um meio de embalar um serviço. O trabalho da empresa é vender os benefícios ou serviços implícitos nos produtos físicos em vez de apenas descrever as suas características físicas. Surge daí o conceito de "miopia em marketing", característica dos fabricantes e vendedores de produto que concentram a atenção nos produtos, e não nas necessidades e desejos de seus consumidores/clientes.

Níveis de produtos

Consideramos cinco níveis de produtos que constituem a hierarquia de valor para o consumidor, conforme a figura 5.

O *primeiro nível* ou *fundamental* é o benefício núcleo que indica o que efetivamente o cliente está comprando. Ao hospedar-se num hotel, você está adquirindo o direito a repousar com tranqüilidade; este é o benefício núcleo.

No *segundo nível*, a empresa precisa transformar o benefício núcleo em produto básico, ou seja, no nosso caso, o hotel tem de oferecer cama, roupa de cama, banheiro, mesa etc.

Figura 5
MODELO DE LEVITT

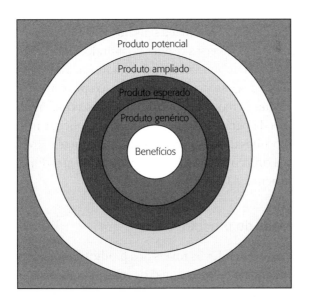

No *terceiro nível*, a empresa já prepara um produto esperado, ou seja, disponibiliza um produto com atributos e condições que os clientes esperam e com que concordaram ao adquirir esse produto. No nosso exemplo, ao comprar um pernoite num hotel, esperamos que o hotel esteja limpo, tenha iluminação adequada, toalhas limpas, cama arrumada. Já que a maioria dos hotéis atende a essa expectativa mínima, o viajante, normalmente, não terá preferência e escolherá o hotel que lhe for mais conveniente e mais barato.

No *quarto nível*, a empresa busca ir além das expectativas dos seus consumidores. No nosso exemplo, um hotel pode colocar um *fitness center*, conexão com a internet, flores naturais e outras comodidades.

No *quinto nível*, falamos do produto potencial, que envolve todas as ampliações que o produto pode sofrer no futuro. Podemos considerar uma evolução do produto descrito no produto ampliado. A superação dos desejos do cliente, no atendimento, pode ser considerada nesse nível. O Ritz Carlton Hotel já trabalha com instrumentos como o *customer relationship manager* (CRM) e dá um atendimento exemplar a seus hóspedes em todos os hotéis de sua cadeia, nas diversas regiões do mundo. Um cliente que, ao se hospedar no hotel em San Francisco, solicita que os travesseiros sejam de pena de ganso terá, em todas as suas próximas estadas em qualquer hotel da rede Ritz Carlton, em todas as praças onde atua, travesseiros de pena de ganso sem precisar solicitar novamente. Até mesmo antes de existir o sistema com o nome CRM, a cadeia de hotéis já tinha o seu sistema próprio, dando atendimento com qualidade acima da média do mercado.

Ciclo de vida do produto

Além de entender os níveis dos produtos, faz-se necessário que o vendedor e o profissional de marketing saibam em qual fase do ciclo de vida se encontra o produto ou serviço que estão negociando (figura 6).

Figura 6
CICLO DE VIDA DO PRODUTO

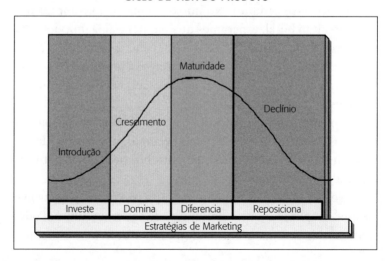

Nós, da área de vendas, temos de nos manter atentos ao ciclo de vida do produto. Vejamos as fases por que ele passa.

Fase de introdução do produto

Na fase de introdução de um produto, sendo este inovador e dentro da política de marketing, ou seja, introduzido no mercado após pesquisas que indiquem necessidade ou desejo dos consumidores por este produto, teremos de buscar um espaço para a sua distribuição e venda no mercado.

Conseguir espaço em gôndolas tornou-se cada vez mais difícil, principalmente em grandes redes de supermercados. Essa dificuldade é resultante de uma acirrada competição e do excesso de produtos das mais diversas marcas. Uma tendência natural é a opção das grandes redes por produtos de marcas já conhecidas pelo perfil de seus clientes.

Ao serem lançados, produtos de alta tecnologia costumam ter seus preços bastante elevados. Isso requer que, antes de sair à procura de canais de distribuição, identifiquemos o perfil dos nossos potenciais clientes e verifiquemos se a região em questão tem demanda para esses produtos. Temos de estar atentos à equipe de vendas desses produtos, que deverá receber treinamento específico, garantindo o seu conhecimento na íntegra. O vendedor deverá estar a par de todos os benefícios proporcionados por esse produto, bem como ter conhecimento do mercado. A concorrência já existe? Nosso produto tem diferencial competitivo que justifique a opção de compra do nosso cliente? Qual o preço praticado pelo concorrente? Existe produto substituto com preço bem inferior ao nosso? Qual a percepção do cliente em relação a custo x benefício? Nessa fase, todos esses questionamentos devem ser levados em consideração e é fundamental que o vendedor esteja preparado, com conhecimento e argumentos para a sua venda.

A área de marketing terá grande importância e deverá dar suporte ao lançamento do produto no mercado. Intensas e eficazes ações de comunicação, como propaganda, publicidade, *merchandising* nos pontos-de-venda e todos os demais esforços deverão ser realizados para tornar o produto conhecido pelo cliente potencial. Para produtos de consumo, recomendamos ações de degustação nos pontos-de-venda. Outra técnica muito utilizada para atrairmos o potencial cliente para o consumo de nosso produto é a oferta gratuita de amostras (*sampling*), que poderá ocorrer tanto no ponto-de-venda quanto na distribuição de porta em porta, ou, por exemplo, por meio de sachês em revistas. Todos os esforços de promoção de vendas deverão ser considerados. A equipe de vendas tem de conhecer todos os esforços que a área de marketing esteja realizando.

É uma fase de grande investimento pelo produtor e de fundamental importância para a entrada do produto no mercado. Um bom lançamento pode significar grandes possibilidades de sucesso do produto. Já um lançamento ruim, com poucos investimentos em comunicação e treinamento, sem a aquisição de espaços em canais específicos de distribuição, com certeza leva o produto à fase de declínio sem que alcance as demais fases intermediárias.

Fase de crescimento do produto

Nesta fase, consideramos que o produto já tem o seu espaço no mercado. Começamos a ter os primeiros resultados de vendas. Verificamos a satisfação dos clientes. O produto já é bem conhecido no mercado? Buscamos aumentar a exposição de nossos produtos nas gôndolas. Concorrentes de nossos canais de distribuição começam a nos procurar para ter o nosso produto em suas lojas. Devemos diversificar os canais de venda, buscando canais alternativos. Ainda é uma fase de altos investimentos em comunicação e, principalmente, em *merchandising*.

O preço de venda de nossos produtos começa a cair, pois, logo após o sucesso do lançamento destes, aparece a concorrência com produtos semelhantes e preços inferiores.

Fase de maturidade do produto

Nesta fase, o cliente já conhece o produto. O produto tem o seu espaço no mercado. Empresas como a Coca-Cola têm o seu produto em fase de maturidade por longos períodos. O ideal é termos os nossos produtos em fase de maturidade para sempre. Estar com o produto nesta fase faz com que as empresas busquem inovações para os seus produtos e alternativas com o objetivo de estender a sua maturidade ao máximo.

É comum, nesta fase, as empresas acharem que os seus produtos estão bem no mercado, com venda garantida, e que os seus clientes estão satisfeitos e por isso podem apenas manter seu produto e canais de distribuição. O resultado disso pode ser uma entrada na fase de declínio, muitas vezes irreversível. Nunca podemos esquecer que a concorrência está cada vez mais acirrada e que o cliente tem fome insaciável por novos produtos e serviços que lhe proporcionem maior comodidade por menores preços.

Para podermos explicar, temos a filosofia da Honda, empresa japonesa de veículos, que diz: "Talvez a razão de tantas pessoas estarem satisfeitas com nossos automóveis é porque nunca ficamos satisfeitos. (...) Nosso propósito é fabricar produtos com satisfação, para que possamos vendê-los com satisfação e que nossos consumidores possam usá-los com satisfação" (citado por Rocha e Christensen, 1992:89).

Grande parte do impressionante sucesso das empresas japonesas é resultado da excepcional qualidade dos seus produtos.

A baixa e a média qualidade não são mais toleradas pela maioria dos clientes e mercados, o que obriga as empresas, para sobreviverem nesse ambiente altamente competitivo, a adotarem processos de qualidade cada vez mais eficazes.

Ações de distribuição com qualidade, ou seja, ter sempre os seus produtos nos pontos-de-venda na quantidade certa, na exposição certa, no preço certo, garantindo que o produto não falte — essa é considerada a principal estratégia das grandes empresas. Não adianta o vendedor fechar uma venda se não tiver o produto para entregar ao cliente. A distribuição é uma das principais estratégias que devem ser observadas na maturidade do produto.

Fase de declínio do produto

Nesta fase, a empresa deve decidir: deixamos o produto morrer? Devemos tentar recuperar o produto, levando-o novamente à fase de maturidade?

No caso de se optar por "matar" o produto, a equipe de vendas deve ser orientada a vender o produto de forma que não tenha trocas futuras e será apenas uma venda. Grandes descontos devem ser oferecidos aos clientes, como forma de motivá-los a adquirir esses produtos, visando à drástica redução ou eliminação de estoques. Não se deve investir mais em comunicação; antes, devem-se reduzir todos os custos e deve-se tentar recuperar parte dos investimentos realizados com o produto.

Se optarmos por recuperar o produto, grandes investimentos devem ser considerados. Para essa ação, são fundamentais capacidade de realizar mudanças com rapidez e forte comunicação. Podemos exemplificar com o caso das sandálias Havaianas. O produto estava em franco declínio e reverteu sua situação, trazendo grandes lucros para a Alpargatas. O produto, antes tradicional, buscou entender o consumidor. Investiu em ações eficazes de marketing, colocando as sandálias em pés de artistas famosos no mundo todo, aceitou fazer modificações no produto e fez excelente trabalho de distribuição. O resultado foi muito acima do esperado. Como exemplo de produto que não obteve resultado tão bom, temos a cerveja Malt 90, lançada pela Brahma no ano de 1985 e que passou direto da fase de introdução para o declínio.

Existem outros fatores que influenciam os ciclos de vida dos produtos. Vejamos a seguir.

Moda e estilo

Entender a importância do produto para o cliente é fundamental. Ao comprarmos uma caneta Mont Blanc, adquirimos não apenas a caneta, mas sim uma caneta e um demonstrativo de *status*. O que realmente o cliente da Mont Blanc quer? Apenas uma caneta ou, além de um objeto que ajude a escrever, um comprovante do seu *status*?

É muito importante que o vendedor tenha total domínio do conhecimento de seu produto/serviço. O vendedor tem uma tendência natural a não apresentar aos clientes produtos e serviços sobre os quais não tenha segurança. O vendedor não gosta de passar pelo constrangimento de mostrar ao cliente sua ignorância sobre o produto.

É recomendável que o gerente de produtos, responsável pela concepção e monitoramento do ciclo de vida do produto, desenvolva e treine as equipes de vendas, provendo-as de argumentos e conhecimento sobre o produto/serviço.

Produto, uma apresentação em vendas

Observamos que os clientes compram o produto não pelo produto em si, mas sim pelo benefício que este gera ou pelas sensações que lhes proporciona.

Vimos antes que, ao adquirir uma caneta Mont Blanc, o cliente não está apenas comprando um objeto que lhe proporcione a escrita; além disso, adquire a sensação de *status*, um diferencial entre a maioria dos indivíduos que precisam de uma caneta apenas para escrever.

Usaremos como exemplo uma empresa fabricante e varejista de móveis e ornamentos infanto-juvenis. O exemplo é considerado comum a todas as empresas desse segmento.

Uma vendedora que trabalhe nessa conceituada empresa tem de conhecer todos os atributos dos seus móveis e demais produtos, devendo também conhecer os da concorrência, e destacar para os clientes as vantagens ou diferenciais competitivos que os seus produtos têm, em relação às demais empresas participantes desse segmento.

Ao atender um casal de clientes, uma vendedora, além de apresentar o produto, deverá priorizar os seus atributos mais importantes, como, no caso, a segurança do berço. Caberá a ela, numa postura de consultoria, orientar os casais, muitas vezes inexperientes, sobre a importância de determinados atributos e os conseqüentes benefícios que os seus produtos proporcionam em termos de conforto, segurança e outras vantagens. Lembre-se: mais importante que o preço é o valor que o produto representa. Um berço para o primeiro filho de um casal é sempre muito mais do que um simples objeto para repouso e proteção do bebê. É um verdadeiro objeto de desejo do casal, onde ficará o seu bebê, durante o seu crescimento até ir para uma cama. Esse é um momento mágico, no qual a vendedora capacitada trabalhará com o desejo dos pais de proporcionar a seus filhos o que há de melhor em termos de qualidade e beleza.

Essa é uma compra muito mais emocional do que racional. Está presente nesse tipo de transação todo um lado emotivo forte que levará à decisão da escolha e ao ato de compra.

A maioria das pessoas que compram um computador o faz não pela beleza que este irá acrescentar a determinado ambiente de sua residência, mas sim pela agilidade e pelos serviços que lhes irá proporcionar. A maioria dos produtos é adquirida pelos benefícios que proporcionam, e não apenas pelos seus atributos.

Resumindo, entendemos que os produtos e serviços são compostos por atributos e estes atributos ou componentes do produto geram benefícios que, diferenciados, levam o cliente à decisão de compra. Esses benefícios ou diferenciais podem posicionar o produto/serviço em diversas faixas, desde ter o preço mais baixo do mercado, proporcionando ao cliente baixo desembolso na sua aquisição, até propiciar ao cliente o alcance ou a manutenção de *status*, ao possuir um produto que, além de atender às suas necessidades, garanta o seu desejo de reconhecimento.

Existem produtos como o perfume Joy, mencionado por Al Ries (1999) no filme *As leis vencedoras do marketing*. Ele diz: "Se você não gostar do cheiro do perfume Joy, mande consertar o seu nariz, pois este é o perfume mais caro do mundo". O que este comercial diz? Na realidade, o fabricante está se vangloriando de que o seu perfume é o mais caro entre outros. E a idéia de ser o mais caro nos leva a crer que é o melhor!

Neste capítulo, vimos a importância de saber apresentar adequadamente o produto ou serviço, enfatizando os benefícios que interessam ao cliente. No próximo capítulo, abordaremos o fechamento da venda.

8

A quinta fase da venda: fechamento

Depois de apresentar o produto/serviço e verificar que ele atende às necessidades do seu cliente, está na hora de fechar a venda.

O fechamento é o ponto culminante da venda. É a hora da verdade. O vendedor existe para vender. Ainda que tudo tenha sido feito da forma mais eficiente possível, se a venda não foi fechada, o vendedor não atingiu o seu objetivo, não logrou o sucesso. A eficácia da venda é medida nesse momento. Ser um bom profissional de vendas significa fechar vendas. Nada mais conta. Porém, é claro que, se todo o trabalho anterior foi bem-feito, as chances de fechamento aumentam muito.

O vendedor tem de considerar e entender o fechamento como uma etapa à parte do processo e preparar-se adequadamente para ela. Vários vendedores fazem muito do que precisa ser feito, mas não sabem fechar a venda. São eficientes, mas não conseguem ser eficazes. Na realidade do mundo dos negócios, são os resultados que importam. Para avaliar um vendedor, a pergunta básica é: "Qual é o seu índice de fechamentos?"

Para melhorar o índice de fechamento

Este índice pode ser significativamente melhorado se o vendedor estiver atento a três aspectos.

Ele precisa treinar-se para fechar. Pode causar alguma estranheza esta afirmação, mas a verdade é que o fechamento precisa ser treinado. Não há lugar para improvisação, dúvidas, ou desconhecimento de termos. Há vendedores que não conseguem sequer perceber sinais de compra.

É preciso manter o autocontrole. O vendedor é um profissional, um consultor que está ajudando o cliente a tomar a melhor decisão. Não há necessidade de ficar ansioso, aflito, tenso, nesse momento. Se ele não se mantiver seguro, como poderá passar segurança ao comprador? Uma eventual venda não fechada não é sinal de que seu mundo desabou.

O vendedor deve ter sempre em mente que o que ele vende, tanto num produto quanto em um serviço, é valor. O dinheiro do cliente está sempre sendo disputado por uma quantidade infinita de opções. Suas necessidades são diversas, e ele não tem recursos para atender a todas. Por essa razão, ele é bastante seletivo na hora de trocar o seu dinheiro por algum bem. É preciso que a pergunta "Vale a pena?" seja respondida por ele de forma afirmativa. Caso contrário, a venda não se efetua. Se, até esse momento, o vendedor conseguir demonstrar, na percepção do comprador, o valor de seu produto, o fechamento da venda é conseqüência natural. Se, aos olhos do cliente, essa é uma sábia e racional maneira de gastar seus recursos financeiros, a venda é bem-sucedida. É necessário, portanto, que tudo o que foi feito até então tenha deixado a inequívoca sensação de valor no que está sendo adquirido. Por essas razões, a primeira etapa do fechamento é o teste do momento certo. Que significa isto? À medida que o vendedor procura entender as necessidades e problemas do cliente, ele vai fazendo uma série de perguntas que o ajudam a obter informação sobre os objetivos de compra do comprador. Em algum ponto do processo, ele sente que já tem informação suficiente. Como ele pode ter certeza disso? Ele deve fazer um resumo do que entendeu e verificar com o cliente se esse entendimento é exato e completo. Esse procedimento vai ajudá-lo a perceber se está no caminho certo, ou fazer as correções necessárias, caso não esteja. Pode ser que esse simples procedimento leve o cliente a tomar a decisão de imediato, o que aceleraria o fechamento. O mais provável é que o vendedor perceba que ainda não está na hora de fazer uma recomendação.

Continue tentando, da seguinte forma:

❏ faça resumos ou refraseie o que o cliente disse. Em seguida, pergunte se o seu entendimento está correto;

❏ coloque o seu resumo sob a forma de uma pergunta — pergunta essa que permita ao cliente ratificar ou retificar seu entendimento;

❏ se desejar explorar alternativas, combine o resumo com uma pergunta que convide o comprador a indicar qual de duas ou mais alternativas é a mais adequada;

❏ sempre que estiver testando, use perguntas do tipo: "É isto mesmo?" "Meu entendimento está correto?" "Estou conseguindo entender o que você quer?"

Esse teste estimula o cliente a fornecer mais informação, a falar de alternativas, a indicar áreas que precisam de maior exploração e, principalmente, a destacar os pontos em que já há acordo. Após o teste, realize a segunda etapa de fechamento. Faça a sua recomendação. Duas competências o vendedor precisa desenvolver para esta etapa: saber explicar e saber descrever benefícios. Neste ponto, é bom relembrar que o cliente não compra características de um produto/serviço, mas sim os seus benefícios. Para extrair benefícios, penetre na mente do cliente e responda às suas prováveis seguintes perguntas: "Por que as características deste produto são importantes para mim?" "O que elas farão para mim?" "De que maneira elas me ajudarão a atingir os meus objetivos?"

Benefício está relacionado aos objetivos do cliente; é alguma coisa de valor para o cliente.

Suas recomendações devem ter estas características:

- ❏ uma explicação lógica e clara;
- ❏ nítido relacionamento com os objetivos do cliente;
- ❏ descrição vinculando os benefícios aos objetivos do cliente;
- ❏ uma honesta e estimulante descrição do valor competitivo que você tem. Neste ponto, seja assertivo ao afirmar por que o cliente deve comprar de você, em que você é superior, qual é o valor adicionado que só você tem. Faça isso com o máximo cuidado, sem nunca desmerecer ou menosprezar o concorrente;
- ❏ a linguagem usada deve ser a do cliente. Tem de ser clara e lógica para ele;
- ❏ não deve incluir detalhes de pouca ou nenhuma importância;
- ❏ deve transmitir entusiasmo.

Fechamento propriamente dito

Embora o fechamento represente a conclusão lógica da negociação até então desenvolvida, na prática costuma deixar o vendedor um pouco tenso por perceber que é o momento culminante da venda. Ele fica ansioso, com medo de não perceber o tempo correto do fechamento. Se tenta um pouco antes, pode aparentar estar fazendo pressão; se deixar passar o momento, pode parecer desinteressado. Portanto, o vendedor precisa aprender a perceber os sinais da compra: aqueles sinais, verbais ou não-verbais, que o comprador emite quando a sua decisão já foi tomada.

Novamente: o que já foi dito sobre estar atento ao cliente, ouvi-lo ativamente, continua sendo de extremo valor nessa etapa de venda. Do ponto de vista psicológico, é preciso que o vendedor não abandone a lógica básica de que, se o cliente está ali até esse momento, gastando seu tempo a conversar com ele, é porque ele quer comprar. Por essa razão, a tentativa de fechamento não deve ser considerada algo à parte, mas apenas a continuidade coerente de todo o processo.

O vendedor deve agir naturalmente, procurando frases e observações do comprador que possam ser transformadas nas condições finais da negociação.

O fechamento pode ser direto: "Acredito que já tenhamos esclarecido todos os pontos que discutimos. Vamos tirar o pedido?"

O fechamento pode ser obtido por meio de um resumo dos benefícios do produto/serviço: "Pelo que vimos, as necessidades que você apresentou quanto a isso, aquilo e aquilo outro são plenamente satisfeitas pelo nosso produto. Vamos então tirar o pedido?"

O fechamento pode ainda ser fruto de uma escolha do próprio cliente: "A esta altura, falta apenas você informar qual dos dois modelos prefere, para que eu possa tirar o pedido".

O fechamento pode ser feito aproveitando uma objeção residual: "Sua única preocupação no momento parece ser tal. Se eu eliminar este obstáculo, posso tirar o pedido?"

Um fechamento bastante interessante pode dar-se por meio da inferência de que a venda já foi concluída: "Gostaria que você me informasse agora o local de entrega para que eu possa tirar o pedido".

O fechamento pode ser acelerado, usando-se determinadas estratégias para lidar com a indecisão do cliente. Uma delas é mostrar que o comprador faz parte de um grande número de pessoas que tiveram suas necessidades satisfeitas com o mesmo produto. Deve falar da quantidade grande de vendas que têm sido feitas desse produto, da própria experiência de já ter vendido vários e não ter recebido uma única queixa ou reclamação por parte dos compradores. Essas informações, transmitidas com bastante sinceridade, aumentam a confiança do cliente.

Outra estratégia eficaz é demonstrar exaustivamente o uso do produto, qual o significado de cada característica, traduzindo-a sempre em benefício para o cliente.

Já outra estratégia que cabe em vendas de grande complexidade é segmentar a decisão do cliente, fazendo com que ele aprove uma pequena parte e deixe a decisão total para quando estiver plenamente convencido.

Uma estratégia que, se aplicada com cuidado, pode ser bastante eficaz é a de usar as vantagens do produto/serviço. Para isso, é preciso que o vendedor tenha pleno conhecimento sobre os produtos similares oferecidos pela concorrência e se sinta seguro para fazer comparações. É óbvio que o produto dele, na comparação, precisa ter um desempenho superior.

Dependendo da situação, uma estratégia que pode funcionar é aumentar o valor do produto, agregando a ele algum brinde ou coisa semelhante. Para alguns perfis de cliente, que sentem a necessidade de conseguir algo extra, é preferível esperar que ele peça o brinde.

Finalmente, uma estratégia bastante usada e nem por isso menos eficiente é colocar o cliente numa situação de urgência, declarando que as condições oferecidas expiram dentro de algum tempo breve.

Dois aspectos de fechamento merecem aqui ser destacados. Ao longo de todo o processo de vendas, está ocorrendo um relacionamento interpessoal: duas pessoas se comunicam. Não se pode esquecer que as regras de uma boa comunicação precisam ser mantidas. Ouça o comprador, não ocupe todos os turnos de fala. Por vezes, um silêncio pode ser extremamente eloqüente. Se, na percepção do vendedor, tudo que o comprador precisa agora é de um momento de quietude, limite-se a olhá-lo e esperar. Esse gesto ajudará ao comprador.

Outro aspecto, também importante, é que o comprador é uma pessoa completa. Ele está naquele momento com seu pensamento lógico e analítico, mas também com suas emoções, seus sentimentos, seus desejos e suas mais variadas necessidades.

Por vezes, o fechamento de uma venda pode não ter uma base puramente lógica, mas pode obedecer a outros impulsos, tais como *status,* reconhecimento, desejo de agradar alguém etc.

O vendedor deve procurar descobrir as reais situações do cliente para usá-las no fechamento.

O vendedor como decodificador de sinais

Durante todo o processo de venda, o comprador envia sinais ao vendedor. Se ele estiver atento, se aprender a ouvir, esses sinais são de vital importância para o fechamento. Podem ser explícitos ou implícitos. Podem ser verbais ou não-verbais.

Os sinais verbais são normalmente representados por perguntas que o cliente faz. Perguntas, sejam quais forem, demonstram interesse. Revelam pontos da negociação que agradaram ao cliente. Podem fornecer os argumentos de que você necessita para o fechamento.

Os sinais não-verbais são ainda mais significativos. Aparecem fora do controle do próprio cliente. A maior parte da nossa comunicação se dá de forma não-verbal. O corpo fala. No corpo, a parte mais eloqüente é o rosto e nele o elemento mais expressivo são os olhos.

Cliente que não se preocupa em ficar distante do vendedor, que está relaxado, que olha nos olhos, que não teme balançar a cabeça de forma positiva, que sorri, que aceita um convite para sentar, é um cliente que vai comprar.

A mãe que olha com ternura para um berço, que pega e afaga um ursinho de pelúcia, que passa a mão na colcha decorada com figuras do imaginário infantil... vai comprar.

Os recém-casados que abrem a porta do refrigerador e olham o seu interior, que experimentam a maciez do colchão, que medem com as mãos a largura de um fogão... vão comprar.

O executivo que reexamina, silenciosa e vagarosamente, o fôlder da distribuidora de automóveis... vai comprar.

Um detalhe aqui vale ser lembrado. São as especificidades da venda de serviços. Por exemplo, a própria venda já é vista como parte do serviço. O serviço, via de regra, é intangível. Por essa razão, o relacionamento entre vendedor e comprador adquire uma dimensão ainda mais significativa. O relacionamento pessoal é absolutamente crítico. Há necessidade de maior presença do vendedor, porque os compradores não só tendem a ser menos objetivos, como ainda vêem a compra de serviços como de maior risco. O vendedor de serviços deve ter duas preocupações adicionais: passar uma imagem de grande competência na área para tranqüilizar o cliente em relação ao risco do negócio e estar preparado para acompanhar o cliente durante bastante tempo, visto que o serviço não se esgota num momento isolado. Esses são os dois segredos de uma venda de serviços bem-sucedida.

As objeções

Lidar com objeções é uma arte. Em primeiro lugar, o vendedor tem de estar convencido de que as objeções nada têm de negativo ou desagradável. Pelo contrário, elas são um sinal de que o cliente deseja comprar. Elas são grandes oportunidades e devem ser exploradas como tais:

- oportunidades para tomar conhecimento de fatos que estão preocupando ou incomodando o cliente;
- oportunidades para perceber coisas que o cliente está tendo dificuldades de expressar;
- oportunidades para descobrir o que o cliente está precisando e, a partir daí, continuar o trabalho de venda;
- oportunidades para separar as partes em que já há pleno acordo daquelas que necessitam de maior aprofundamento.

Ter sucesso em lidar com objeções significa desenvolver as suas competências básicas de comunicação, importantes em todo o processo de venda.

- Ouvir — para compreender exatamente qual é a objeção do cliente. Por vezes, a objeção apresentada não passa de uma cortina de fumaça que esconde a real preocupação do cliente.
- Perguntar — para esclarecer se você entendeu bem a objeção.
- Verificar — para estar certo de que a objeção levantada é de fato real.
- Observar — para perceber sinais não-verbais que garantam ou não a autenticidade da objeção.
- Explicar — para relacionar a objeção com o que já foi dito, repetindo, refraseando ou clarificando sua recomendação.

Em seguida, classifique a objeção. A objeção pode ser válida ou ser meramente um pretexto. De qualquer forma, nunca entre em confronto com o cliente. Não procure minimizar a objeção como se fosse falta de compreensão por parte do comprador. Não ignore a objeção. Trate a objeção no momento que ela surge, mas não reaja imediatamente, tire um tempo para pensar. Isso vai transmitir ao cliente a sensação de que você o ouviu e está levando a sério a objeção. Todas as vezes em que você respeitar o que o cliente está dizendo e respeitar o seu ponto de vista, você está desarmando a objeção, ou seja, já está criando condições propícias para prosseguir a sua venda. Normalmente, uma objeção é superada pelo provimento de mais informação.

Há situações especiais que merecem destaque.

O vendedor não sabe a resposta

Se você não sabe a resposta, diga isso ao cliente. Não tente enganá-lo sob nenhuma circunstância.

A maioria dos clientes fica fascinada com a honestidade de um vendedor que simplesmente declara: "Não sei a resposta a sua pergunta, me dê algum tempo e vou obtê-la".

A objeção é uma máscara

Com certa freqüência, a objeção levantada esconde outra, bem mais real, porém bem mais difícil de ser revelada. Quantas vezes um "Está caro" não significa na verdade "No momento estou passando por dificuldades financeiras"?

Nesses casos, você precisa garimpar a verdade. Pergunte e pergunte, variando o enfoque, até chegar à real objeção. É como descascar uma banana, pedaço a pedaço, até chegar ao que interessa.

Chegando lá, você pode lidar com a objeção, quer seja legítima, quer se trate de um mal-entendido etc.

Seu produto/serviço realmente não é o que o cliente precisa

Se você descobre isso por meio de uma objeção, não há muito o que fazer. A venda não será realizada.

No entanto, ao considerar findo o seu esforço de venda, preocupe-se ainda em atender bem seu cliente, informando-o sobre onde ele pode continuar a sua busca, agradecendo a visita que ele lhe fez, solicitando que recomende os seus produtos/serviços aos amigos, pedindo que retorne no futuro. Em outras palavras, mantenha sempre as portas abertas.

A seguir, relacionamos alguns cuidados que devem ser considerados ao lidar com objeções.

- ❏ Analise a objeção.
- ❏ É uma objeção ou meramente uma pergunta?
- ❏ O que ela manifesta? Desinteresse? Mal-entendido? Alguma outra coisa não tão visível?
- ❏ Está compreendendo a objeção? O ponto de vista do cliente?
- ❏ Clarifique a objeção tanto quanto possível.
- ❏ Verifique se você compreendeu bem a objeção.
- ❏ Responda à objeção. Forneça mais informação.
- ❏ Verifique se o cliente ficou satisfeito com as suas respostas.
- ❏ Vá em frente e feche a venda.
- ❏ Construa o seu banco de dados.

Lidar satisfatoriamente com objeções é uma mistura de autoconfiança, experiência e criatividade. Um vendedor, com três meses de experiência, já conhece praticamente todas as objeções possíveis. É importante que ele registre como lidou com essas objeções, o que funcionou e o que não funcionou. Ele deve processar e analisar as suas experiências a fim de identificar as melhores estratégias para superar as objeções. Agindo assim, ele irá aperfeiçoar as suas respostas e desenvolver soluções mais criativas, fugindo dos clichês e aumentando as possibilidades de um fechamento rápido. A criatividade pode até transformar uma objeção num bom argumento de venda.

As objeções surgem quando a solução não atende à necessidade do cliente ou tem pouco valor para ele. Isso significa que você passou muito rápido pelo levantamento das necessidades.

As necessidades têm de estar explícitas para que você possa falar de benefícios. Não se esqueça de que: necessidade explícita = problema claro + vontade de solução.

Para levantar os problemas, você deve ter usado perguntas pertinentes e, para verificar a vontade de solução, perguntas de solução. Essa separação evita que você caia na armadilha de ficar explanando características do produto que, inevitavelmente, levantam objeções de preços na razão direta da quantidade de características mencionadas.

Mantenha sempre em sua mente o seguinte quadro:

- características — objeções de preço;
- vantagens — outras objeções;
- benefícios — ausência de objeções.

Obviamente, isso é sempre de acordo com a percepção do cliente, porque essa é a realidade dele. A percepção que você tem é apenas a sua realidade. Para que haja a venda, você tem de trabalhar com a realidade do cliente. Fale sempre por você e nunca pelo comprador.

E por que essas duas percepções são necessariamente diferentes? Pelos motivos a seguir:

- compreensão do produto;
- localização das partes;
- atribuição do valor;
- posse de informação;
- noção de variedade;
- noção de quantidade.

Na venda, é fundamental que ambas as partes saiam satisfeitas. Portanto, você deve pensar sempre em ganhos para os dois lados. A melhor maneira de fazer isso é explorando ao máximo os interesses do cliente para gerar opções que aumentem o valor da transação.

Uma venda não pode ser um tipo de namoro, no qual o interesse do vendedor acaba exatamente no ponto em que o interesse do comprador começa.

Lembre-se de que o seu produto/serviço é, na percepção do cliente, um recurso para atingir determinado objetivo ou satisfazer determinada necessidade. Esse recurso terá uma vida e o cliente não quer sentir-se sozinho ao longo das demais etapas.

Ciclo de vida do recurso do cliente

Seu produto/serviço, adquirido pelo cliente como um recurso para atingir algum determinado objetivo, atravessa um ciclo de vida que começa no momento em que a necessidade surge e termina quando o recurso perde a sua validade e é trocado, ou não, por outro. Um grande problema que surge na venda é que, na maioria das etapas do ciclo, o cliente está sozinho. Visto de uma maneira positiva, isso pode ser uma grande oportunidade para o vendedor que conhecer o ciclo e resolver acompanhar o cliente o tempo todo. O cliente, satisfeito com esta atitude, será fiel e grato ao vendedor.

As etapas que compõem o ciclo são: **estímulos → avaliar alternativas → especificações → selecionar vendedor → aquisição → verificar atributos → posse e uso → avaliar uso → descarte.**

Esse ciclo é composto de três elementos: estímulos, fases, transições.

Estímulos são os fatos que levam o cliente a pensar em adquirir o produto/serviço.

Fases são as atividades principais que os clientes realizam durante o ciclo de vida (especificações, aquisição, posse e uso, descarte).

Transições são os pontos de decisão entre as fases. São momentos em que os clientes podem decidir mudar, procurando um de seus concorrentes (avaliar alternativas, selecionar vendedor, verificar atributos, avaliar uso).

O ciclo oferece uma oportunidade de observar o processo que o seu cliente atravessa para obter, utilizar e descartar o seu produto. Compreender esse processo é a primeira etapa na identificação de oportunidades para gerar valor.

A segunda etapa é determinar quais as necessidades que o cliente encontra durante o ciclo. Definimos necessidades do consumidor como recursos que os consumidores precisam para obter, utilizar e desfazer-se de seu produto ou serviço. Pode ser que nem todos os recursos sejam fornecidos pela sua empresa.

Recursos fornecidos pela empresa são aqueles que a sua empresa fornece como parte do produto ou serviço oferecido. Outros recursos são aqueles de que o consumidor precisa, mas deve obter de outras fontes. Neste caso, as empresas têm opções:

- podem deixar que os próprios consumidores adquiram o outro produto ou serviço;
- podem ajudar os consumidores a adquirir o outro produto ou serviço;
- podem até converter o "outro recurso" em um "recurso fornecido pela empresa", embora isto crie um risco de deslocar a empresa para novas, e possivelmente indesejadas, áreas de negócios.

As necessidades dos consumidores também refletem duas fontes diferentes. Algumas delas estão voltadas para os problemas, e outras dizem respeito mais ao estilo, à moda ou à preferência.

Necessidades voltadas para um problema ocorrem quando os consumidores encontram dificuldade em algum aspecto do ciclo e desejam uma ajuda para completar uma etapa. Considere, por exemplo, que uma pessoa possui uma quantia de dinheiro para investir. Se ela não conhece os investimentos disponíveis, essa pessoa tem um problema e precisa de informações sobre as opções disponíveis.

Por outro lado, considere que ela tenha a mesma quantia para investir e que deseje adquirir um investimento que reflita o *status* social que deseja apresentar. Esta necessidade diz respeito mais ao estilo do que a um problema.

De qualquer forma, o cliente precisa ser acompanhado por você. Tente imaginar as perguntas e dúvidas que o cliente tem ou terá durante o ciclo. Todas elas representam fontes de geração de valor. Vejamos alguns exemplos.

- ❑ Especificações: O que eu quero? Quais os atributos? Quanto eu quero?
- ❑ Aquisição: De quem vou comprar? Como fazer o pedido? Como conseguir capital? Como tomar posse? Como testar especificações?
- ❑ Posse e uso: Como integrar ao inventário? Como monitorar o uso? Como fazer a manutenção?
- ❑ Descarte: Quando e como transferir, devolver, retirar? Como contabilizar os gastos?

Durante as transições, que são momentos em que o cliente toma decisões, você precisa estar presente. Acostume-se a olhar o seu produto/serviço como um recurso para o cliente. Verifique sempre as oportunidades existentes no ciclo de vida.

É evidente que o uso do ciclo de vida do recurso do cliente é uma ferramenta mais útil para vendas complexas, porém você deve pensar se nele há alguma oportunidade que possa também ser explorada no seu caso particular.

Bem, você fechou a venda, sem dúvida. Mas o seu trabalho não acabou aí. Você não quer um cliente eventual, mas sim um parceiro com quem você manterá um longo relacionamento, lembra-se? Portanto, é extremamente importante a fase seguinte: o pós-venda.

Continue conosco.

9

A sexta fase da venda: pós-venda

Neste capítulo vamos conhecer o que é, efetivamente, o pós-venda. Veremos que não se trata apenas de buscar um momento mágico, após a concretização da venda, em que se telefona ao cliente para saber se está satisfeito com o produto, se está sendo bem atendido ou se a entrega foi realizada dentro do prazo. Veremos, a seguir, muitas outras informações sobre essa fase de enorme importância.

Métodos e técnicas usuais de pós-venda

O pós-venda nada mais é do que um acompanhamento feito após a venda. Com certeza, vendedores de sucesso dedicam uma boa parte da sua rotina a essa fase, tanto que muitos desenvolvem um trabalho organizado e sistemático. Assim, o seu sucesso como vendedor depende da prática correta e constante de cuidado com seus clientes.

Com o pós-venda, quem trabalha com produtos de longo prazo pode manter os seus clientes fazendo com que eles confirmem o pagamento de suas contribuições ou até mesmo aumentando sua carteira.

Se você, no fechamento da venda, não pediu, ou não conseguiu, indicações, este é o momento. O cliente satisfeito com seu produto e seu atendimento certamente não se recusará a indicar pessoas conhecidas.

Sabendo da importância do pós-venda, tente agora identificar a maneira mais eficaz de fazê-lo e o momento para isso. Se quer que o cliente se lembre de você e da sua oferta, ofereça-lhe uma experiência memorável.

Para ajudá-lo, relacionamos alguns métodos eficazes de manter contato com os seus clientes.

☎ Pelo telefone

O telefone é a maneira mais barata e rápida de fazer pósvenda. Mesmo que você fale com uma secretária, deixe um recado que chame a atenção do seu cliente e que atice a sua curiosidade.

✉ Pelo correio

Este é outro meio pelo qual você pode dar um toque pessoal, enviando brindes, incluindo textos ou artigos que podem nada ter a ver com a sua oferta propriamente, mas que mostram a seus clientes que você está pensando neles. Pode ser um artigo de jornal, ou de revista, relacionado ao campo de especialidade dele, ou da sua empresa.

Quanto mais espontâneo for o seu contato, mais eficaz ele será. Escreva, por exemplo, simplesmente uma nota a mão.

📄 Por cortesia

Todo mundo gosta de ser valorizado e sentir-se importante. A cortesia é uma forma que deve se tornar parte permanente do seu repertório de vendas. Exemplos:

- cartão de agradecimento e felicitações;
- agradecimento pelo contato pessoal;
- agradecimento depois de uma compra;
- agradecimento por uma indicação;
- aniversários;
- nascimento de filhos;
- pêsames.

Os três itens aqui mencionados correspondem àquilo que nós chamamos de ações básicas de pós-venda. A grande maioria das empresas e dos vendedores autônomos já os utiliza. Agora, vamos apresentar a você algumas outras formas de fazer pós-venda, para ajudá-lo no seu dia-a-dia.

Dicas práticas para criar um bom relacionamento com o cliente, na busca da sua fidelização

Coloque-se à disposição do seu cliente, acompanhando todas as etapas da venda, desde o momento em que o pedido foi tirado até a entrega do produto e o respectivo pagamento.

Procure saber se o produto foi entregue, se chegou em bom estado, se a sua qualidade/aplicabilidade está dentro do desejado, se há alguma necessidade de treinamento sobre o produto.

Mantenha um arquivo de informações atualizado sobre os seus clientes.

Esteja sempre atento a novas oportunidades de negócio.

Mantenha controle dos contatos que você estabelece com clientes antigos.

Lembre-se dos clientes em datas especiais.

Desenvolva ações especiais de manutenção para clientes com bom relacionamento. Consiga preços diferenciados, faça entrega de material promocional na sua residência ou escritório, apresente novas formas de pagamento, enfim, faça de modo que ele se sinta verdadeiramente bem atendido.

Quando um cliente lhe indicar um colega ou uma empresa conhecida, não se esqueça, também, de desenvolver ações como as citadas no item anterior para quem fez a indicação. Um novo cliente, no mercado altamente competitivo como este em que vivemos, jamais poderá passar em branco.

Em alguns segmentos de mercado, como, por exemplo, o financeiro, desenvolva boletins de resultado, que são indicações técnicas da atuação do seu cliente na sua empresa.

No lançamento de novos produtos ou de novos serviços da sua empresa, prepare e envie um material publicitário sobre esse assunto; apresente formas diferenciadas de aquisição para ele, opções de pagamento diferenciadas, entre outros benefícios. O que é inadmissível, em vendas, é um cliente com bom relacionamento, que paga em dia, receber a notícia do seu novo produto junto "com o resto do mundo".

Se houver disponibilidade de tempo e de verba, crie eventos especiais para os clientes com bom relacionamento, como, por exemplo:

❑ criação de ofertas exclusivas (produtos, serviços, brindes especiais);
❑ eventos sociais (coquetéis, jantares, almoços, cafés-da-manhã, *happy hour*) com apresentação da sua linha de produtos;
❑ ingressos para *shows*, jogos, espetáculos culturais.

Enfim, o pós-venda é uma excelente maneira de mostrar que você se importa com os seus clientes, que se interessa de verdade e que não vai abandoná-los na primeira oportunidade.

Só tenha cuidado para não se tornar inconveniente.

Conclusão

O cliente, no mundo atual, assumiu uma posição extremamente importante. Ele é mais livre, tem mais opções, tem mais conhecimento e é mais exigente. Para vender para este cliente, o profissional de venda tem de evoluir no mesmo sentido. Prepare-se mais, tenha um conjunto mais completo de informações, pesquise mais e seja mais criativo.

Foi-se o tempo do vendedor improvisado; não há mais lugar para amadorismo. O vendedor é um profissional que precisa ser percebido como tal pelo comprador. Ele precisa viver com paixão o seu trabalho e sentir-se realizado em cada encontro com o cliente. Ele deve transpirar entusiasmo e motivação. É evidente que, para isso, ele precisa receber, de forma freqüente, um *feedback* emocional positivo. Em outras palavras, ele precisa vender. É uma contradição, um contra-senso um vendedor que não vende. A venda bem-sucedida é o seu momento de vitória, é a subida ao pódio.

No entanto, resultados positivos são fruto de treinamento, experiência e perseverança. O processo de venda tem-se tornado cada vez mais complexo e é preciso que o vendedor pense em si como um profissional que precisa crescer, de forma contínua e consistente, em capacitação. Ele é a empresa para o cliente e o cliente para a empresa. Isto se traduz na necessidade de conhecer bem a sua empresa, desde a estratégia elaborada até os processos e procedimentos que operacionalizam essa estratégia, passando, de forma mais profunda, pela linha de produtos e serviços que ela disponibiliza, por meio dele, para o mercado. Traduz-se também na necessidade de conhecer bem o cliente, esse ser humano que vive aqui e agora, que tem necessidades e desejos, mas tem também sentimentos, emoções, inseguranças e ambições.

Desde a abordagem até a pós-venda, há uma seqüência de atividades que precisam ser bem desenvolvidas e concatenadas. E, antes e depois, há ainda um rol de ações do qual um profissional bem-sucedido não se descuida.

Vender é uma conquista. Ver o brilho nos olhos do comprador que realizou um desejo é uma emoção. Sentir-se um pilar forte de crescimento da empresa é uma vitória.

Referências bibliográficas

ALESSANDRA, T.; CATHCART, J.; MONOKY, J. *Be your own sales manager*. New York: Prentice Hall, 1990.

AMERICAN MARKETING ASSOCIATION. Marketing. In: _____. *Dictionary*. Disponível em: <www.marketingpower.com/_layouts/dictionary.aspx?dletter=m>. Acesso em: 29 jan. 2009.

CAREW, J. *You'll never get no for an answer*. New York: Simon and Schuster, 1987.

CRAIG, R. L.; LESLIE, K. *A guide to developing sales performance*. New Jersey: Prentice Hall, 1990.

DRUCKER, P. *Administrando em tempos de grandes mudanças*. Rio de Janeiro: Pioneira, 1994.

HESSAN, D.; WHITELEY, R. *Crescimento orientado para o cliente*. Rio de Janeiro: Campus, 2004.

HOPKINS, T. *How to master the art of selling*. New York: Warner, 1982.

JUNQUEIRA, L. A. Costacurta. *Negociação*: tecnologia e comportamento. Rio de Janeiro: COP Editora, 1988.

KOTLER, P. *Administração de marketing*. São Paulo: Atlas, 1993.

_____. _____. São Paulo: Atlas, 1998.

_____. _____. São Paulo: Atlas, 1999.

LAS CASAS, A. L. *Técnicas de vendas*. São Paulo: Atlas, 2001.

LEVITT, T. *A imaginação de marketing*. São Paulo: Atlas, 1985.

MASLOW, Abraham. *Motivación y personalidad*. Barcelona: Sagitario, 1954.

NEFF, T.; CITRIN, J. *Lições de sucesso*. São Paulo: Negócio, 1999.

PEPPERS, Don; ROGERS, Martha. *AMA redefine o marketing*: o que importa é o cliente. Disponível em: <www.administradores.com.br/noticias/ama_redefine_o_marketing_o_que_importa_e_o_cliente/2181>. Acesso em: 29 jan. 2009.

PETERS, T. *Prosperando no caos*. São Paulo: Harbra, 1989.

REICHHELD, F. *A questão definitiva*: você nos recomendaria a um amigo? São Paulo: Campus, 2006.

RIES, Al. *As leis vencedoras do marketing*: como elas determinam o sucesso ou o fracasso da sua empresa. São Paulo: HSM Management, 1999.

ROCHA, A.; CHRISTENSEN, C. *Marketing*. São Paulo: Atlas, 1992.

SILVEIRA, P. *A lógica da venda*. São Paulo: Ômega, 2002.

SIQUEIRA, A. C. B. *Vendas industriais*. São Paulo: Atlas, 1995.

WHITELEY, R. *A empresa totalmente voltada para o cliente*. Rio de Janeiro: Campus, 1966.

_____. _____. Rio de Janeiro: Campus, 1992.

_____. _____. Rio de Janeiro: Campus, 1996.

WILKIE, William L.; MOORE, Elizabeth S. Scholarly research in marketing: exploring the "4 eras" of thought development. *Journal of Public Policy & Marketing*, Chicago, v. 22, n. 2, p. 116-146, 2003.

Anexo
Exercício de auto-avaliação: você é um bom vendedor?*

Indique com X a letra que mais se adapta à sua maneira de pensar. É importante que, ao responder, você pense sempre na sua real forma de agir durante uma negociação comercial, e não naquilo que acredita que deva ser o correto.

1. Durante uma negociação comercial, você busca apresentar as suas idéias no "melhor momento"?
   a) Freqüentemente.
   b) Às vezes.
   c) Raramente.

2. Você procura também ver os interesses e necessidades do seu cliente?
   a) Freqüentemente.
   b) Às vezes.
   c) Raramente.

---

* Adaptado de "Você é um bom negociador?" (Junqueira, 1988).

3. Antes de iniciar a negociação comercial, você costuma estabelecer quais as concessões que poderá fazer?
a) Freqüentemente.
b) Às vezes.
c) Raramente.

4. Durante a negociação comercial, você ouve mais do que fala?
a) Freqüentemente.
b) Às vezes.
c) Raramente.

5. Após apresentar as principais características e benefícios do seu produto ou serviço, você procura certificar-se de que o cliente entendeu e/ou aceitou?
a) Freqüentemente.
b) Às vezes.
c) Raramente.

6. Você procura conhecer preliminarmente alguma coisa do comportamento do cliente com quem vai negociar? Forças, fraquezas?
a) Freqüentemente.
b) Às vezes.
c) Raramente.

7. Durante a negociação comercial, você focaliza predominantemente as forças (aspectos positivos) do cliente?
a) Freqüentemente.
b) Às vezes.
c) Raramente.

8. Por melhor que seja a sua posição ou situação numa negociação comercial, você procura "fazer pequenas concessões" ao cliente?

a) Freqüentemente.

b) Às vezes.

c) Raramente.

9. Ao apresentar as suas idéias e sugestões, você costuma relacioná-las aos interesses e expectativas do seu cliente?

a) Freqüentemente.

b) Às vezes.

c) Raramente.

10. Numa negociação comercial, você costuma ter um único objetivo, ou apresenta opções ao cliente?

a) Freqüentemente.

b) Às vezes.

c) Raramente.

11. Caso o cliente não apresente dúvidas sobre a sua proposta, você busca saber se houve entendimento total, pois tem consciência de que, mais tarde, eventuais dúvidas poderão prejudicar o fechamento do negócio?

a) Freqüentemente.

b) Às vezes.

c) Raramente.

12. Você costuma cumprir "à risca", "ao pé da letra", as suas promessas? Respeita prazos?

a) Freqüentemente.

b) Às vezes.

c) Raramente.

13. Nos seus contatos com pessoas, você diz o que pensa sem maiores preocupações em agradar à outra parte?

a) Freqüentemente.

b) Às vezes.

c) Raramente.

14. Você consegue conviver (não necessariamente concordar, mas aceitar) com pessoas que pensam e se comportam de maneira diferente de você?
a) Freqüentemente.
b) Às vezes.
c) Raramente.

15. Se possuir informações relevantes para o andamento da negociação comercial (não confidenciais), você as partilha com o cliente?
a) Freqüentemente.
b) Às vezes.
c) Raramente.

16. Você costuma ver qualquer mudança ou situação nova como uma oportunidade para o seu desenvolvimento, para o seu crescimento?
a) Freqüentemente.
b) Às vezes.
c) Raramente.

17. Depois de expor toda a sua argumentação, você costuma solicitar (sem pressão) uma decisão por parte do cliente?
a) Freqüentemente.
b) Às vezes.
c) Raramente.

18. Você evita colocar contra a parede o cliente, pressionando-o, "forçando a barra"?
a) Freqüentemente.
b) Às vezes.
c) Raramente.

19. Você inicia a negociação comercial admitindo a possibilidade de que os seus pontos de vista não prevaleçam (você não quer perder, mas admite perder)?

a) Freqüentemente.
b) Às vezes.
c) Raramente.

20. Você consegue transformar uma situação adversa em oportunidade para novos negócios, serviços ou idéias?
a) Freqüentemente.
b) Às vezes.
c) Raramente.

21. Você convive com situações de tensão (longas ou curtas) sem alterar significativamente o seu comportamento e suas táticas como negociador comercial?
a) Freqüentemente.
b) Às vezes.
c) Raramente.

22. Antes de apresentar qualquer argumentação, você procura se colocar no lugar do cliente, imaginando possíveis objeções ou falhas na sua proposta?
a) Freqüentemente.
b) Às vezes.
c) Raramente.

23. As idéias e sugestões apresentadas por você são objeto de análise prévia quanto a possíveis resultados e conseqüências, para você e para a sua empresa?
a) Freqüentemente.
b) Às vezes.
c) Raramente.

24. Seu comportamento durante a negociação comercial costuma levar em conta o fato de que, no futuro, você poderá voltar a negociar com o mesmo cliente?
a) Freqüentemente.
b) Às vezes.
c) Raramente.

25. Ao negociar com um subordinado e/ou numa situação em que você tenha qualquer tipo de ascendência sobre o outro negociador, você costuma tratar a outra pessoa em termos iguais, evitando demonstrar essa superioridade?
a) Freqüentemente.
b) Às vezes.
c) Raramente.

26. Durante a negociação comercial, a sua preocupação é a de esgotar as fontes de fatos e informações sobre o tópico em questão, antes de emitir qualquer opinião ou avaliação?
a) Freqüentemente.
b) Às vezes.
c) Raramente.

27. Você procura fazer ao cliente perguntas que requeiram respostas além do sim ou do não?
a) Freqüentemente.
b) Às vezes.
c) Raramente.

28. Durante a negociação comercial, você espera o cliente terminar a sua argumentação para então iniciar a sua resposta?
a) Freqüentemente.
b) Às vezes.
c) Raramente.

29. Você transmite ao cliente profunda convicção sobre suas idéias ou propósitos? Você demonstra segurança de que o produto ou serviço que você propõe será bom e útil para ele?
a) Freqüentemente.
b) Às vezes.
c) Raramente.

30. Você procura negociar em todas as suas áreas de atuação (trabalho, lazer, família etc.), em oposição a negociar apenas em uma delas (trabalho, por exemplo). Você prefere negociar com pessoas que estejam em posição desigual em relação a você, podendo "impor" a sua hierarquia?
a) Freqüentemente.
b) Às vezes.
c) Raramente.

Interpretação

Atribuir 3 pontos para cada resposta *freqüentemente*.
Atribuir 2 pontos para cada resposta *às vezes*.
Atribuir 1 ponto para cada resposta *raramente*.

Freqüentemente	Às vezes	Raramente
Número de respostas x 3	Número de respostas x 2	Número de respostas x 1
Total de pontos:	Total de pontos:	Total de pontos:
TOTAL GERAL DE PONTOS:		

Entre 90 e 71 pontos

Você é um excelente negociador comercial. Procura identificar, numa venda, onde e como os dois lados podem sair ganhando. Preocupa-se com o cliente, inspira confiança, é flexível. Mas não se esqueça de que sempre é possível melhorar, especialmente nos itens que mereceram respostas *às vezes* ou *raramente*.

Entre 70 e 50 pontos

Você é um negociador comercial razoável. Às vezes deseja vender a qualquer custo, não se preocupando muito com as expectativas e necessidades do cliente. Nem sempre inspira confiança e sua flexibilidade é média. Ainda há muito o que melhorar, especialmente nos itens que mereceram respostas *às vezes* ou *raramente*.

Entre 49 e 30 pontos

Você realmente precisa mudar os seus métodos e comportamentos numa negociação comercial. Eles não o estão ajudando a alcançar os seus objetivos. Você raramente admite que os seus pontos de vista não prevaleçam e deixa isso claro ao cliente. As expectativas e necessidades do cliente não lhe interessam. Você se relaciona com os clientes na defensiva, e eles não o vêem como alguém confiável. É muito comum que você radicalize posições ou situações; qualquer alteração no *status quo* é vista por você como uma ameaça, independentemente de análise prévia. Há um longo caminho a percorrer para que você desenvolva o seu processo de negociação comercial. Comece já a analisar os itens em que você respondeu *às vezes* ou *raramente*.

Conclusão

Durante uma negociação comercial, é extremamente importante a forma como os clientes nos vêem, como os nossos comportamentos atingem os outros.

É importante que procuremos superar os pontos fracos evidenciados no questionário, qualquer que seja o seu segmento de atuação em vendas. Identifique a área prioritária e comece por ela.

Não se esqueça, também, de registrar quais são os seus pontos fortes como negociador comercial e quais os aspectos que gostaria de desenvolver mais. Boa sorte e bom trabalho!

Os autores

Carlos Alberto Martins

Especialista em gestão de pessoas pela Fundação Getulio Vargas. Graduado em administração de empresas pela Faculdade Moraes Júnior/Instituto Mackenzie Rio. Membro do Conselho de Educação e professor da disciplina Estratégias de Comercialização no Mercado de Seguros, da Funenseg. Foi executivo na área de recursos humanos em organizações multinacionais e privadas, como 3M do Brasil, Ciba-Geigy, Petróleo Ipiranga e Coca-Cola. Consultor na área de gestão de pessoas, com especialização em negociação comercial, tendo realizado diversos trabalhos, entre outros, nas seguintes organizações: IBM, Grupo Telefônica, Furnas, Tintas International, Aços Villares, Rede Luxor de Hotéis, IRB Brasil, Siemens do Brasil, Tribunal de Contas do Paraná, Laboratório Schering, Peugeot Citroën. Professor convidado do Cademp/FGV.

Arnaldo Schvartzer

Especialista em administração pela Coppead, com extensão pela Columbia University em Transition to General

Management. Graduado em administração de empresas pela UFRJ. Ex-gerente e diretor em organizações nacionais e transnacionais nas áreas de marketing e vendas de empresas como Babylandia, Brahma, Coca-Cola, Banco Nacional, Unibanco, Varig, Companhia Vale do Rio Doce e Instituto Ambiental da Vale do Rio Doce. Professor convidado do FGV Management e do Cademp. Consultor de empresas e conferencista de âmbito nacional, com trabalhos nas empresas Listel, Petrobras-BR, SBPC e Vertical Shopping (RJ). Mestrando em administração de empresas.

Pedro Henrique Alves do Couto Ribeiro

Especialista em administração de empresas pela Fundação Getulio Vargas, bacharel em direito pela Universidade Federal do Rio de Janeiro e em ciências sociais pela Universidade Estadual do Rio de Janeiro. Consultor de empresas em planejamento estratégico, treinamento gerencial, planejamento de marketing e treinamento de vendedores. Trabalhou na IBM por 26 anos como analista de sistemas, representante de vendas, representante de marketing, representante de apoio a marketing e gerente do Centro Educacional. Trabalhou ainda por 11 anos no Senac — ARRJ. Professor convidado dos MBAs Gerência de Projetos da Fundação Getulio Vargas, do curso MBKM da Coppe/UFRJ e associado à ESI-International.

Este livro foi impresso nas oficinas gráficas da Editora Vozes Ltda.,
Rua Frei Luís, 100 – Petrópolis, RJ.